Le droit des étrangers

Connaissance du droit

collection fondée par

Jean-Luc Aubert
agrégé des Facultés de droit

dirigée par

Philippe Jestaz
professeur émérite de l'Université Paris Val-de-Marne (Paris XII)

Le droit des étrangers

5e édition
2012

Xavier Vandendriessche
professeur à l'Université Lille Nord-de-France – UDSL
Centre de recherches Droits et perspectives du droit

DALLOZ

DALLOZ

31-35, rue Froidevaux, 75685 Paris cedex 14

ISBN 978-2-247-11541-9

Introduction

Si le droit des étrangers constitue d'abord une discipline juridique qui suppose l'application d'un arsenal de règles de droit de plus en plus complexes et imbriquées les unes avec les autres, l'immigration révèle aussi un aspect passionnel et politique qui en fait un débat récurrent de la société française depuis une trentaine d'années.

La question semblait pourtant réglée : depuis le milieu des années soixante-dix, le pouvoir politique a décidé de l'arrêt de l'immigration. Par voie de conséquence, le droit des étrangers devrait ainsi se limiter à l'énoncé des règles sanctionnant l'immigration et le séjour clandestins et régissant la présence régulière en France des étrangers autorisés à y résider. Toutefois, les politiques en matière d'immigration évoluent au gré des contingences politiques et des contraintes économiques, comme le démontrent les récentes fluctuations en matière d'immigration "choisie". Ainsi, dans la conception qui domine aujourd'hui, le droit des étrangers doit ainsi "ouvrir les portes" à l'ingénieur ou au chercheur tout en les fermant au clandestin.

Du point de vue strictement juridique, ce droit présente la particularité de se définir non par son objet mais par son sujet : l'étranger, simplement défini par l'art. L. 111-1 du Code de l'entrée et du séjour des étrangers et du droit d'asile (issu de l'ordonnance du 24 novembre 2004) comme tous individus qui n'ont pas la nationalité française (les articles cités dans la suite du texte sans précision renvoient au Code de l'entrée et du séjour des étrangers et du droit d'asile).

Mais cette apparente simplicité ne résiste guère à l'analyse. En effet, à l'instar de la différence faite entre les barbares et les métèques sous la Grèce antique, certains étrangers sont moins étrangers que d'autres. En d'autres termes, s'il n'existe aucune égalité de droit entre nationaux et étrangers, force est de constater qu'une telle égalité n'existe pas davantage entre les étrangers. Le droit des étrangers connaît en effet des règles spécifiques qui concernent les ressortissants de certains États avec lesquels la France a conclu des conventions particulières ; de même, les ressortissants des pays membres de l'Union européenne et les membres de leur famille ne sont régis par le droit commun des étrangers que par exception. Bien plus, le droit des étrangers s'affine pour tenir compte de l'appartenance de l'individu concerné à une catégorie spécifique ; il existe ainsi par exemple des règles particulières régissant le demandeur d'asile et le réfugié politique, l'étudiant et le travailleur salarié ou encore les membres de la famille.

Par ailleurs, il ne faut pas confondre l'étranger et l'immigré ; ce dernier peut parfaitement posséder la nationalité française (par mariage ou naturalisation) même s'il est né à l'étranger. Comme le Haut conseil à l'intégration, mieux vaut évoquer les « personnes d'origine étrangère », c'est-à-dire des individus nés en France d'un parent (ou grand-parent) ayant immigré en France. Cette catégorie représente aujourd'hui environ 10 millions de personnes en France qui, pour la plupart, possèdent la nationalité française et ne sont donc pas visées par le droit des étrangers.

Il ne peut être question ici de traiter la totalité de cet ensemble normatif ; par voie de conséquence, un double parti a été pris : ne traiter que les règles « de droit commun », c'est-à-dire applicables à tous les étrangers sauf disposition contraire expresse et exclure des développements la plupart des références, notamment jurisprudentielles. Il en résulte une étude des particularités de ce droit en en analysant, dans un chapitre préliminaire, les fondements constitutionnels et supranationaux. On suivra ensuite un cheminement logique pour aborder l'entrée (chap. I), le séjour (chap. II), les mesures de surveillance (chap. III) et l'éloignement (chap. IV) des étrangers.

Lire aussi :

Sur l'immigration en général :

- J. Barou, *Europe, terre d'immigration*, 2e éd., PUG, 2006.
- J.C. Barreau, *De l'immigration en général et de la nation française en particulier*, Le Pré aux clercs, 1992.
- P. Bernard, *L'immigration*, Le Monde éditions, 1993
- H. Capitant, *L'étranger*, LGDJ, 2000
- M. Chemillier-Gendreau, *L'injustifiable. Les politiques françaises de l'immigration*, Bayard, 1998.
- D. Colas, C. Emeri et J. Zylberberg (dir.), *Citoyenneté et nationalité. Perspectives en France et au Québec*, PUF, coll. “Politique d'aujourd'hui”, 1991.
- P. Dewitte (dir.), *Immigration et intégration, l'état des savoirs*, La Découverte, 1999.
- D. Fassin, A. Morice. et C. Quiminal (dir.), *Les lois de l'inhospitalité (Les politiques de l'immigration à l'épreuve des sans-papiers)*, La Découverte, 1997.
- G. Le Moigne, *L'immigration en France*, PUF Que sais-je ?, 1986.
- D. Loschak., *Étrangers : de quel droit ?*, PUF, 1985.
- G. Noiriel, *Le creuset français. Histoire de l'immigration*, Le Seuil, 1988 ; *La tyrannie du national, le droit d'asile en Europe 1793-1993*, Calman-Lévy, 1991.
- S. Slama, *Les politiques d'immigration en France depuis 1974, Regards sur l'actualité*, La documentation française, n° 326, déc. 2006.
- G. Tapinos, *L'immigration en France 1946-1973*, PUF, Paris, 1975.
- P. Weil, *La France et ses étrangers*, Calman-Lévy, 1991 ; Mission d'étude des législations de la nationalité et de l'immigration, La documentation française, 1997.

Sur le droit des étrangers :
- E. Aubin, *Droit des étrangers*, Gualino, coll. “Master Pro”, 2009.
- C. Cournil, *Le statut interne de l'étranger et les normes internationales*, L'Harmattan, coll. “Logiques juridiques”, 2005.
- *Dictionnaire permanent Droit des étrangers*, Éd. Législatives, 1995 (mises à jour et refontes périodiques).
- GISTI (Groupe d'information et de soutien des immigrés), Nombreuses publications en droit des étrangers : *http://www.gisti.org/spip.php?rubrique8*.
- F. Julien-Laferrière, *Droit des étrangers*, PUF, coll. “Droit fondamental”, Paris, 2000 ; “La condition des étrangers en France – Régime juridique”, *J.-Cl. international*, fasc. 524-10, 524-20, 524-30, 524-40.
- E. Neraudau-Marrier-d'Unienville, *Ordre public et droit des étrangers*, Bruylant, 2007.
- F. Renault-Malignac, V. Tchen, *Code de l'entrée et du séjour des étrangers et du droit d'asile*, Paris, Litec, 2011.
- V. Tchen, *Le droit des étrangers : 10 ans de jurisprudence, J.-Cl. Adm.* 2000 ; *Droit des étrangers*, Ellipses, coll. “Mise au point”, Août 2011.
- X. Vandendriessche, *Code de l'entrée et du séjour des étrangers et du droit d'asile commenté et annoté*, Code administratif, Dalloz, 2012 ; “Étrangers – Définitions. Principes. Orientations”, *J.-Cl. Adm.*, Fasc. 233-50.

Chapitre préliminaire
Les fondements du droit des étrangers en France

Édictée au lendemain de la guerre en réaction contre les actes du gouvernement de Vichy, l'ordonnance du 2 nov. 1945, premier grand texte de droit des étrangers, s'était fixée pour but « d'introduire au cours des prochaines années, avec méthode et intelligence, de bons éléments d'immigration dans la collectivité française » (C. de Gaulle). En raison du dépeuplement dû à la guerre, on estimait à environ 5 millions de personnes les besoins de la France à l'époque. Ainsi, l'accès des étrangers au marché de l'emploi est facilité, toute forme de préférence nationale étant écartée (la main-d'œuvre étrangère est en général plus docile, moins exigeante et peu ou pas syndiquée). C'est au même moment qu'est édictée l'ordonnance du 19 oct. 1945 portant Code de la nationalité mettant en œuvre une véritable politique d'assimilation : la nationalité française est ainsi considérée comme l'aboutissement normal pour les étrangers ayant tissé des liens avec la France.

Le problème change de nature à la fin des Trente glorieuses : la croissance se ralentit, le chômage se développe et l'étranger devient suspect aux yeux des nationaux, notamment en termes d'emploi : c'est le début d'un mouvement de reflux manifesté, du point de vue législatif, par la loi Bonnet du 10 janv. 1980 : durcissement des conditions d'entrée en France, effectivité des mesures d'éloignement du territoire, tentative de légalisation de la rétention administrative et extension du champ d'application de l'expulsion. Après la grande alternance de 1981, le droit des étrangers va connaître un mouvement de va-et-vient continu en fonction des options politiques des gouvernements successifs depuis la loi « Questiaux » du 29 oct. 1981 jusqu'à la loi dite Besson du 16 juin 2011.

Cette inflation législative explique l'importance acquise ici par des fondements proprement constitutionnels ; on note par ailleurs la place croissante des sources internationales tirées notamment de l'application de la Convention européenne des droits de l'homme et une véritable communautarisation du droit des étrangers.

Section 1
Les fondements constitutionnels

Il est possible d'utiliser des notions différentes pour caractériser le lien de droit entre un individu et un État : le national tout d'abord est celui qui possède la nationalité de l'État et il s'assimile au ressortissant, placé sous la juridiction de l'État. Quant au citoyen, il est nécessairement un national, mais au surplus doté de ses droits civiques et politiques. De là une certaine ambiguïté entretenue par les textes constitutionnels (I), heureusement surmontée par la jurisprudence du Conseil constitutionnel (II).

I – Les textes constitutionnels

Existe-t-il un statut constitutionnel de l'étranger en droit français ? L'étranger dispose-t-il des mêmes droits que les nationaux français ? Existe-t-il des « droits fondamentaux » inhérents à la nature humaine et qui donc s'appliquent indépendamment de la nationalité ?

Il serait raisonnable de penser qu'il existe des droits de l'homme, c'est-à-dire inhérents à la nature humaine et par conséquent indépendants du critère de la nationalité, tandis que d'autres seraient réservés aux ressortissants français. Or, les textes utilisent les expressions les plus variées, sans qu'il soit possible de leur accorder une valeur autre que « littéraire ».

C'est particulièrement le cas pour ce qui concerne la Déclaration des droits de l'homme et du citoyen de 1789 ; pour se borner à quelques exemples, on relèvera que l'article 11 prévoit que la libre communication des pensées et des opinions est un des droits les plus précieux de l'homme et en déduit que tout citoyen peut donc parler, écrire, imprimer librement ; de même, l'article 7 dispose que nul homme ne peut être accusé, arrêté ni détenu que dans les cas déterminés par la loi mais ajoute que tout citoyen appelé ou saisi en vertu de la loi doit obéir à l'instant.

Le texte de la Constitution elle-même n'est guère plus explicite et utilise le mot « citoyen » dans des hypothèses où les droits garantis ne sont pas limités aux nationaux ; c'est le cas par exemple de l'égalité devant la loi (art. 1er) ou de la compétence législative en matière de détermination des garanties fondamentales accordées aux citoyens pour l'exercice des libertés publiques.

Reste qu'il existe des hypothèses dans lesquelles le champ d'application général du droit protégé est attesté par l'utilisation d'expressions telles que « les hommes » (Déclaration de 1789, art. 1er, égalité de droit), « tout homme » (Déclaration, art. 9, présomption d'innocence – Préambule de 1946, action syndicale) ou « nul » (Déclaration, art. 10, liberté d'opinion – art. 66 C, détention arbitraire). De ce point de vue, le Préambule de 1946 se réfère à des catégories génériques (principe d'égalité des hommes et des femmes ; droits reconnus à tout travailleur, à l'individu et à la famille ; chacun a le devoir de travailler et le droit d'obtenir un emploi ; tout être humain a le droit d'obtenir de la collectivité des moyens convenables d'existence ; égal accès de l'enfant et de l'adulte à l'instruction).

Il n'existe en définitive que deux séries de dispositions qui semblent réservées aux nationaux : l'égalité de tous les Français devant les charges qui résultent des calamités nationales (Préambule de 1946) et les conditions de l'électorat et de l'éligibilité (art. 3 C, sous les réserves prévues à l'art. 88-3). À l'inverse, le Préambule de 1946 et l'article 53-1 C proclament un droit réservé aux seuls étrangers, à savoir le droit d'asile sur les territoires de la République.

II – La jurisprudence constitutionnelle

En raison des multiples modifications dont l'ordonnance de 1945 a fait l'objet au cours des années récentes, le Conseil constitutionnel est devenu un acteur à part entière de l'évolution du droit des étrangers, construisant même selon certains auteurs un « statut constitutionnel » des étrangers en France. Cette importance est encore renforcée par l'introduction en droit français de la question prioritaire de constitutionnalité. En effet, l'art. 61-1 C., issu de la révision constitutionnelle du 23 juill. 2008, prévoit désormais que lorsqu'à l'occasion d'une instance en cours devant une juridiction, il est soutenu qu'une disposition législative porte atteinte aux droits et libertés que la Constitution garantit, le Conseil constitutionnel peut être saisi de cette question sur renvoi du Conseil d'État ou de la Cour de cassation.

1. La sauvegarde de l'ordre public

Le Conseil constitutionnel a ainsi considéré que les conditions d'entrée et de séjour en France des étrangers sont soumises à un régime juridique qui confère à l'autorité administrative des pouvoirs étendus. Si la sauvegarde de l'ordre public constitue un objectif de valeur constitutionnelle, le législateur peut, s'agissant des mesures applicables au séjour des étrangers en France, décider que les modalités de mise en œuvre de cet objectif reposeront, soit sur des règles de police spécifiques aux étrangers, soit sur un régime de sanctions pénales, soit même sur une combinaison de ces deux régimes (Cons. const. 28 juill. 1989, n° 89-261 DC). Il appartient ainsi au législateur d'assurer la conciliation entre la sauvegarde de l'ordre public, qui est un objectif de valeur constitutionnelle, et le droit de mener une vie familiale normale (Cons. const. 15 déc. 2005, n° 2005-528 DC). Quoi qu'il en soit, aucun principe non plus qu'aucune règle de valeur constitutionnelle ne confère aux étrangers des droits de caractère général et absolu d'accès et de séjour sur le territoire national.

Le Conseil constitutionnel a également précisé que la lutte contre l'immigration irrégulière participe de la sauvegarde de l'ordre public qui est une exigence de valeur constitutionnelle (Cons. const. 20 nov. 2003, n° 2003-484 DC) ; cette précision a pu être interprétée comme indiquant que, pour le Conseil constitutionnel, l'entrée et le séjour irréguliers sont regardés comme portant atteinte à l'ordre public.

2. Le principe d'égalité

Dans sa décision du 22 janv. 1990 (n° 89-269 DC) le Conseil a indiqué que « le législateur peut prendre à l'égard des étrangers des dispositions spécifiques », justifiant ainsi l'ensemble du droit des étrangers. Autrement dit, le Conseil considère qu'il existe une différence objective de situation entre nationaux et étrangers, pouvant ainsi par exemple justifier une inégalité dans la mise en œuvre de prestations sociales au détriment des étrangers. C'est cette différence de situation, combinée avec l'objectif de sauvegarde de l'ordre public, constamment rappelé par le Conseil constitutionnel, qui va justifier les règles spécifiques applicables aux étrangers en France.

Reste que la discrimination ainsi opérée doit être fondée sur des critères objectifs et en rapport direct avec l'objet même de la loi. Parmi ces critères, il est notamment impossible de prendre en considération des différences d'origine, de race ou de religion (art. 2 C.)

Les juges constitutionnel et administratif ont ainsi développé une jurisprudence assez subtile, distinguant nationaux et étrangers mais également entre les étrangers eux-mêmes. Ainsi, il n'est pas question de mettre sur le même plan les étrangers en situation régulière et les autres. En effet, les étrangers qui résident régulièrement en France, sans pouvoir prétendre à l'égalité avec les nationaux, bénéficient de droits de même nature que ceux-ci ; c'est le cas notamment du droit à la protection sociale.

À l'exception des droits expressément réservés aux nationaux, il existe ici une égalité de principe entre les citoyens français et les ressortissants étrangers en situation régulière.

Les distinctions se compliquent encore lorsqu'il s'agit de prendre en considération la nationalité de l'étranger en cause. Est-il nécessaire de rappeler que les ressortissants des États membres de l'Union européenne et assimilés ne sont pas placés dans la même situation que les autres étrangers ? Que des droits spécifiques sont reconnus aux étrangers « non communautaires » membres de la famille de ressortissants des États membres de l'Union européenne ? Que le touriste venu des États-Unis ou d'Australie ne sera pas placé dans la même situation que le ressortissant afghan candidat à l'asile ?

Au-delà même de ces distinctions fondées sur la nationalité, il existe des différences de situation entre étrangers en fonction de la catégorie à laquelle ils appartiennent. Ainsi, l'étudiant étranger n'aura pas les mêmes droits que l'étranger salarié ou commerçant, le père étranger d'enfants français sera placé dans une situation différente de l'étranger célibataire, etc.

3. Les droits fondamentaux reconnus à tous

Si le législateur peut prendre à l'égard des étrangers des dispositions spécifiques, c'est à la condition de respecter les engagements internationaux souscrits par la France et les libertés et droits fondamentaux de valeur constitutionnelle reconnus à tous ceux qui résident sur le territoire de la République (Cons. const. 22 janv. 1990, n° 89-269 DC) indépendamment donc de leur situation juridique, régulière ou non ; figurent parmi ces droits la liberté individuelle et la sûreté (notamment la liberté d'aller et venir), la liberté du mariage (rappelée notamment dans la décision du 20 nov. 2003, n° 2003-484 DC) et le droit de mener une vie familiale normale qui résulte, selon le Conseil, du dixième alinéa du Préambule de la Constitution de 1946 selon lequel "La Nation assure à l'individu et à la famille les conditions nécessaires à leur développement" (Cons. const. 15 déc. 2005, n° 2005-528 DC).

On peut y ajouter le principe de légalité des délits et des peines, les principes du droit de la défense et notamment l'existence de recours et la possibilité de demander le sursis à exécution des décisions contestées ainsi que le droit de quitter le territoire national (97-389 DC du 22 avr. 1997). Si le Conseil constitutionnel affirme ainsi l'existence de droits fondamentaux, inhérents à la nature humaine, il reconnaît toujours au législateur la faculté de mettre en œuvre ces dispositions à l'égard des étrangers, éventuellement même en faisant prévaloir les nécessités de l'ordre public (par ex. 86-216 DC du 3 sept. 1986).

Section 2
Les fondements supranationaux

Au-delà des sources internationales universelles (comme par exemple les pactes internationaux relatifs aux droits civils et politiques et aux droits économiques, sociaux et culturels adoptés par l'Assemblée générale des Nations unies le 19 déc. 1966 ou la Convention internationale sur l'élimination de toutes formes de discrimination raciale), il existe des instruments spécifiques aux étrangers (I) ; il faudra ensuite mettre l'accent sur la Convention relative aux droits de l'enfant (II), le droit de l'Union européenne (III) et surtout la Convention européenne des droits de l'homme (IV).

I – Instruments internationaux spécifiques aux étrangers

Certaines conventions ne s'appliquent qu'aux personnes de nationalité étrangère : réfugiés, apatrides, personnes sous le coup d'une extradition et ressortissants d'États ayant conclu une convention bilatérale avec la France.

La **Convention de Genève du 28 juillet 1951 relative au statut des réfugiés** définit le réfugié comme « toute personne qui, craignant avec raison d'être persécutée du fait de sa race, de sa religion, de sa nationalité, de son appartenance à un certain groupe social ou de ses opinions politiques, se trouve hors du pays dont elle a la nationalité et qui ne peut ou, du fait de cette crainte, ne veut se réclamer de la protection de ce pays ». Elle fonde un *principe de non refoulement* : le demandeur d'asile ne peut être pénalement poursuivi pour entrée et séjour irréguliers à la double condition qu'il provienne du pays où il est menacé et qu'il prévienne sans délai les autorités ; en second lieu, seules des restrictions nécessaires pourront être appliquées aux déplacements des réfugiés ; enfin, le réfugié ne peut être refoulé sur la frontière où sa vie ou sa liberté pourraient être menacées.

La Convention de Genève est complétée, en France, par le livre VII du CESEDA. C'est l'Office français de protection des réfugiés et apatrides (OFPRA) qui a reçu compétence pour statuer sur les demandes de reconnaissance de la qualité de réfugié et pour accorder le bénéfice de la protection subsidiaire. La décision constitue un acte administratif susceptible de recours devant la Cour nationale du droit d'asile, sachant qu'un recours gracieux devant le directeur de l'office est toujours possible. À noter enfin que les décisions de la CNDA sont susceptibles d'un pourvoi en cassation devant le Conseil d'État.

La **Convention de New York du 28 sept. 1954 relative au statut des apatrides** définit l'apatride comme une personne qu'aucun État ne considère comme son ressortissant par application de sa législation. En d'autres termes, l'apatride est celui qui ne peut bénéficier d'une protection réelle des autorités d'un État. À la différence de la Convention de Genève concernant les réfugiés, la Convention de New York ne détermine pas un statut protecteur au profit des apatrides qui ne sont, *a priori*, pas menacés dans leur vie ou leur liberté ; dans le cas contraire, ils peuvent prétendre au statut de réfugié.

La **convention européenne d'extradition** du 13 déc. 1957, définit les conditions de l'extradition entre les États parties et fixe un certain nombre de règles générales : obligation de procéder à l'extradition lorsque les conditions fixées par la convention sont réunies ; non extradition quand la peine de mort est encourue ou lorsque la situation de la personne réclamée risque d'être aggravée en raison de sa race, de sa religion, de sa nationalité ou de ses opinions politiques.

Il existe enfin en cette matière de très nombreuses **conventions bilatérales**, notamment les conventions d'établissement régissant les conditions d'entrée et de séjour des ressortissants d'un des États sur le territoire de l'autre, les conventions de sécurité sociale (près des 3/4 des étrangers résidant en France sont couverts par une telle convention), fiscales (dans le but d'éliminer les doubles impositions), relatives au service national (dans le but d'éviter le cumul des obligations militaires), etc.

II – La Convention de New York sur les droits de l'enfant du 26 janvier 1990

Cette Convention garantit un certain nombre de droits au profit de l'enfant, considéré comme tout être humain âgé de moins de dix-huit ans, sauf si la majorité est atteinte plus tôt, en vertu de la législation qui lui est applicable (art. 1er). La jurisprudence semble ainsi considérer que la Convention ne concerne pas l'enfant à naître.

La Convention ne contient qu'une seule disposition de nature à s'appliquer prioritairement aux enfants étrangers ; l'art. 10 stipule que toute demande faite par un enfant ou ses parents en vue d'entrer dans un État partie ou de le quitter aux fins de réunification familiale est considérée par les États parties dans un esprit positif, avec humanité et diligence. Ce même article ajoute qu'un enfant dont les parents résident dans des États différents a le droit d'entretenir, sauf circonstances exceptionnelles, des relations personnelles et des contacts directs réguliers avec ses deux parents ; par suite, les États parties respectent le droit qu'ont l'enfant et ses parents de quitter tout pays, y compris le leur, et de revenir dans leur propre pays. On mentionnera encore la réaffirmation du principe de non discrimination fondée notamment sur l'origine nationale (art. 2) et la nécessité de préserver l'identité de l'enfant dont la nationalité est un élément constitutif (art. 8).

Deux questions méritent un examen particulier : la question de l'effet direct (A) et l'application en droit des étrangers de l'art. 3-1 de la Convention (B).

A – La question de l'effet direct

Si la Convention ne concerne pas spécifiquement les étrangers, elle peut évidemment s'appliquer, par ricochet, aux enfants de nationalité étrangère. Ses stipulations ne sont toutefois invocables que si elles sont considérées comme ayant un effet direct, les juges opérant un tri entre les dispositions de la Convention selon qu'elles régissent exclusivement les relations entre États et celles qui créent des droits directement au profit des particuliers.

Sont ainsi considérées comme sans effet direct les stipulations prévoyant expressément que ce sont les États parties qui s'engagent à respecter tel principe ou à promouvoir tel droit (par exemple le principe d'égalité et la protection contre les discriminations ou le respect de l'identité de l'enfant). La même solution est retenue s'agissant des droits créances garantis par la Convention tel par exemple le devoir d'assurer à l'enfant la protection et les soins nécessaires à son bien-être (art. 3 § 3), le droit à la survie et au développement (art. 6), le droit à l'éducation, le droit à la santé (art. 24-1), à la sécurité sociale (art. 26-1) et à un niveau de vie suffisant ainsi qu'aux objectifs de l'éducation de l'enfant. On pourra en revanche s'étonner que la même position ait été adoptée s'agissant du droit à la vie protégé par l'art. 6 ou du droit d'expression (art. 12) et de la liberté de pensée, de conscience et de religion.

D'autres stipulations de la Convention ont été reconnues d'applicabilité directe : tel est le cas du droit de l'enfant et de ses parents de quitter tout pays, de la possibilité pour l'enfant d'être entendu dans les procédures judiciaires ou administratives l'intéressant, du droit de l'enfant au respect de sa vie privée et familiale ou encore des mécanismes de protection de l'enfant en cas d'arrestation, de détention ou d'emprisonnement. La même interprétation est retenue s'agissant de l'art. 9-1 garantissant le droit de l'enfant à ne pas être séparé de ses parents.

B – L'intérêt supérieur de l'enfant

Reste que l'effectivité de la Convention de New York en droit français réside essentiellement dans la reconnaissance de l'applicabilité directe de l'art. 3-1 qui stipule que « *Dans toutes les décisions qui concernent les enfants, qu'elles soient le fait des institutions publiques ou privées de protection sociale, des tribunaux, des autorités administratives ou des organes législatifs, l'intérêt supérieur de l'enfant doit être une considération primordiale* ». Cette stipulation est fréquemment invoquée en complément de l'art. 8 Conv. EDH et impose à l'administration de prendre en considération de manière spécifique l'intérêt supérieur de l'enfant lorsqu'elle est amenée à prendre une décision ayant un impact direct ou indirect sur l'enfant.

Au titre des décisions ayant un impact direct, il faut citer évidemment les mesures de **regroupement familial**. Ainsi, le pouvoir du préfet de refuser une demande de regroupement familial est limité par la nécessaire prise en considération de l'intérêt primordial de l'enfant. Il en va de même dans le cas de décisions de refus de séjour, opposées à des enfants mineurs.

S'agissant de l'impact indirect, on peut évoquer les **décisions applicables aux parents** et donc, par voie de conséquence, aux enfants qui les accompagnent, en particulier les décisions de refus de visa et de refus de titre de séjour, ainsi que les décisions de placement en zone d'attente ou en rétention administrative.

Par ailleurs, il va de soi que la **mesure d'éloignement** frappant l'un des parents, voire les deux, est susceptible de porter atteinte à l'intérêt supérieur de l'enfant. Ce sera *a fortiori* le cas lorsque la mesure d'éloignement aurait pour effet de rompre les liens avec les parents.

Il résulte de la jurisprudence que le juge administratif s'oriente dans le sens d'une application de l'art. 3-1 similaire à celle de l'art. 8 Conv. EDH : dès lors que les parents peuvent emmener le ou les enfants avec eux, il n'y a pas atteinte à la Convention de New York.

III – Le droit de l'Union européenne

Le droit de l'UE est longtemps resté relativement indifférent au droit des étrangers en dehors de la question de la libre circulation des travailleurs qui fonde aujourd'hui le statut privilégié des ressortissants européens et des membres de leur famille. La libre circulation des personnes constitue l'un des principes fondateurs du droit de l'UE affirmé sans ambiguïté par l'Acte unique européen entré en vigueur le 1er janv. 1986. Ce droit constitue aujourd'hui l'un des attributs de la citoyenneté européenne mise en œuvre par le Traité de Maastricht du 7 févr. 1992 et rappelé par la directive du 29 avril 2004 relative au droit des citoyens de l'Union et des membres de leurs familles de circuler et de séjourner librement sur le territoire des États .Le droit de l'Union consacre ainsi, par voie de conséquence, un droit de séjour au profit des ressortissants des États membres.

On évoquera ainsi les dispositions pertinentes du Traité de Lisbonne (A), l'importance des accords de Schengen et du « Code frontières Schengen » (B) pour signaler enfin l'existence des accords de l'Union avec des États tiers (C).

A – Le Traité de Lisbonne

Après un long cheminement, le *traité signé à Lisbonne*, le 13 déc. 2007 prévoit, au sein du Traité sur le fonctionnement de l'Union européenne, un Chapitre II (du Titre V de la 3e partie, les politiques et actions internes de l'Union) intitulé : Politiques relatives aux contrôles aux frontières, à l'asile et à l'immigration (art. 77 s.). À cet égard, l'Union développe une politique visant à assurer l'absence de tout contrôle des personnes, quelle que soit leur nationalité, lorsqu'elles franchissent les frontières intérieures, à assurer le contrôle des personnes et la surveillance efficace du franchissement des frontières extérieures et à mettre en place progressivement un système intégré de gestion des frontières extérieures.

L'art. 78 prévoit en outre que l'Union développe une politique commune en matière d'asile, de protection subsidiaire et de protection temporaire visant à offrir un statut approprié à tout ressortissant d'un pays tiers nécessitant une protection internationale et à assurer le respect du principe de non refoulement. Cette politique doit être conforme à la Convention de Genève du 28 juill. 1951 et au protocole du 31 janvier 1967 relatifs au statut des réfugiés, ainsi qu'aux autres traités pertinents.

L'art. 79 régit pour sa part la politique commune de l'immigration visant à assurer, à tous les stades, une gestion efficace des flux migratoires, un traitement équitable des ressortissants de pays tiers en séjour régulier dans les États membres, ainsi qu'une prévention de l'immigration illégale et de la traite des êtres humains et une lutte renforcée contre celles-ci.

Il convient enfin de signaler que l'entrée en vigueur du Traité de Lisbonne permet de doter la Charte des droits fondamentaux de l'UE d'une valeur juridique contraignante ; celle-ci prévoit notamment le droit d'asile (art. 18), une protection à l'égard des mesures d'éloignement, notamment les expulsions collectives (art. 19), la consécration des libertés de circulation et de séjour pour les ressortissants des États tiers résidant régulièrement sur le territoire d'un État membre (art. 45-2°) ainsi que la protection des données personnelles (art. 10). Enfin, l'UE est désormais partie à la Conv. EDH.

B – Les Accords de Schengen et le « Code frontières Schengen »

Les accords de Schengen du 14 juin 1985 s'assimilaient à une déclaration d'intention : « *En matière de circulation des personnes, les parties chercheront à supprimer les contrôles aux frontières communes et à les transférer à leurs frontières externes* » (art. 17). Le système repose sur la mise en œuvre d'un « espace Schengen » composé du territoire européen des États membres dans lequel s'exerce la libre circulation des personnes. Par voie de conséquence, les contrôles aux frontières extérieures de l'espace Schengen sont renforcés, supposant notamment la mise en œuvre d'une coopération policière internationale et l'utilisation d'un vaste fichier informatique dénommé « Système d'information Schengen » (SIS). L'application des accords a également entraîné une harmonisation en matière de visa (« visa uniforme Schengen ») et de traitement des demandes d'asile.

Le Traité d'Amsterdam a intégré l'acquis de Schengen (c'est-à-dire les textes mentionnés ci-dessus auxquels s'ajoutent les décisions et déclarations adoptées par le Comité exécutif) dans le cadre juridique et institutionnel de l'Union européenne. La matière est désormais régie par le règlement communautaire n° 562/2006 du Parlement européen et du Conseil du 15 mars 2006 établissant un code communautaire relatif au régime de franchissement des frontières par les personnes et par le règlement (CE) n° 810/2009 du Parlement européen et du Conseil du 13 juillet 2009 établissant un code communautaire des visas (code des visas) qui régit en particulier les visas uniformes pour les transits et les séjours inférieurs à trois mois et les visas de transit aéroportuaire.

L'Espace Schengen a initialement été constitué entre cinq États de l'Union (Allemagne, Belgique, France, Luxembourg et Pays-Bas) auxquels se sont joints l'Italie (1990), l'Espagne et le Portugal (1991), la Grèce (1992), l'Autriche (1995) et le Danemark, la Finlande et la Suède (1996). En outre, 9 des 10 États membres qui ont adhéré à l'UE en 2004 font partie de l'espace Schengen depuis le 21 décembre 2007 : Estonie, Lituanie, Lettonie, Hongrie, Malte, Pologne, République Tchèque, Slovaquie et Slovénie (Chypre devrait adhérer prochainement). La Bulgarie et la Roumanie qui ont adhéré à l'Union européenne le 1er janv. 2007, ne font pas encore partie de l'Espace Schengen mais devraient le rejoindre prochainement. Deux États européens qui ne sont pas membres de l'Union européenne mais de l'Espace économique européen (l'Islande et la Norvège) – se sont associés à l'Espace Schengen en 1999 par un accord de coopération. Depuis le 25 mars 2001, l'acquis de Schengen est pleinement en vigueur dans ces deux pays. Enfin, la Suisse a conclu un accord d'association à l'espace Schengen en 2004 qui a été approuvé par référendum en juin 2005. Les États membres de l'Union européenne ont approuvé, le 27 nov. 2008, l'adhésion de la Suisse à l'espace Schengen.

On notera enfin que tous les candidats à l'adhésion à l'Union européenne doivent accepter intégralement l'acquis Schengen.

Le Code frontières Schengen prévoit (art. 1er) l'absence de contrôle aux frontières des personnes franchissant les frontières intérieures entre les États membres de l'UE mais établit les règles applicables au contrôle aux frontières des personnes franchissant les frontières extérieures des États membres de l'UE. Les frontières extérieures sont définies comme les frontières terrestres des

États membres, y compris les frontières fluviales et lacustres, les frontières maritimes, ainsi que leurs aéroports, ports fluviaux, ports maritimes et ports lacustres, pour autant qu'ils ne soient pas des frontières intérieures.

C – Les accords Union européenne – États tiers

Le Conseil de l'UE a conclu divers *accords d'association ou de partenariat* avec des États tiers. On mentionnera l'Accord d'association du 12 sept. 1963 avec la République de Turquie qui comporte des stipulations en matière de droit du travail (par ex. le renouvellement automatique du « permis » de travail, y compris pour les membres de la famille), fixe le principe d'égalité de traitement pour les étudiants et régit également les conditions de délivrance et renouvellement des titres de séjour ainsi que les modalités de mise en œuvre de la protection sociale. Il faut encore citer l'Accord de partenariat signé le 23 juin 2000 avec les soixante-dix-sept membres du groupe des États d'Afrique, des Caraïbes et du Pacifique (ACP) qui succède à la convention de Lomé ; cet accord prévoit notamment le principe d'égalité de traitement en matière de travail, de rémunération et de licenciement et vise à favoriser la lutte contre la discrimination et la politique d'intégration des migrants. De même, les Accords euro-méditerranéens (Algérie, Égypte, Israël, Jordanie, Liban, Maroc, Tunisie) visent à la définition d'un espace commun de paix et de stabilité tout en prévoyant la construction d'une « zone de prospérité partagée » ; ils comportent également des dispositions en matière d'immigration (protection des travailleurs salariés et des membres de leur famille, égalité de traitement en matière de protection sociale, droit d'établissement et libre prestation de services).

Le Conseil a également conclu des *accords de partenariat et de coopération* (Arménie, Azerbaïdjan, Fédération de Russie, Géorgie, Kazakhstan, Moldavie, Ouzbékistan, République Kirghize, Ukraine) qui fixent notamment le principe de non discrimination en matière de travail (rémunérations, licenciements), un droit d'établissement et de libre prestation de services et mettent en place une coopération dans le domaine de la prévention et du contrôle de l'immigration clandestine

Il convient encore de mentionner les *accords dits de réadmission* (Albanie, Chine Hongkong, Chine Macao, Russie, Ukraine). Initiés par le Conseil européen de Tampere, ces accords fixent l'obligation de réadmission dans le pays d'origine de toute personne qui ne remplit pas ou plus les conditions d'entrée et de séjour fixées par le droit interne. La réadmission doit ainsi intervenir sans autre formalité.

Tous ces accords font partie intégrante de l'ordre juridique de l'UE, sachant que leur effet direct dépend de leur caractère clair, précis et inconditionnel.

IV – La Convention européenne des droits de l'homme

Ce n'est que tardivement que les dispositions de la Conv. EDH ont fait leur entrée véritable en droit interne français ; on se souvient qu'il a fallu attendre 1981 pour que la France ratifie le droit de recours individuel devant les organes de la Convention et ce n'est qu'en 1989, avec le célèbre arrêt *Nicolo*, que le Conseil d'État accepte de faire prévaloir le traité sur une loi postérieure contraire. Quoi qu'il en soit, le mécanisme instauré par la Conv. EDH revêt un caractère subsidiaire par rapport aux systèmes nationaux de garantie des droits de l'homme.

La Cour ne dispose d'aucun pouvoir vis-à-vis du droit des États parties ; lorsqu'elle estime une requête recevable et qu'elle conclut à la violation d'un droit protégé par la Convention, elle ne prononce qu'une sanction pécuniaire, c'est-à-dire une réparation au profit de la personne lésée se traduisant par le mécanisme de « satisfaction équitable ». Reste qu'en pratique, les arrêts de condamnation ont une portée bien plus importante, conduisant les États parties à modifier leurs règles internes afin de les mettre en conformité avec la jurisprudence de la Cour. De même, s'il n'existe en principe aucune hiérarchie entre la jurisprudence de la Cour et celle des juridictions nationales, ces dernières sont nécessairement conduites à traduire en droit interne la jurisprudence européenne afin d'éviter des condamnations répétées par la Cour de Strasbourg. Enfin, les mesures provisoires prononcées éventuellement par la Cour peuvent permettre d'interrompre l'exécution d'une décision d'éloignement.

Les droits proclamés et protégés par la Convention s'adressent aux nationaux des États parties comme aux étrangers. Seules quelques dispositions sont spécifiques aux étrangers, à commencer par le dernier alinéa de l'art. 5 qui prévoit, par principe, que la privation de liberté est légale s'il s'agit de l'arrestation ou de la détention régulières d'une personne pour l'empêcher de pénétrer irrégulièrement dans le territoire ou contre laquelle une procédure d'expulsion (c'est-à-dire une mesure d'éloignement) est en cours. Il s'agit ensuite de l'art. 16 qui permet expressément aux États parties d'imposer des restrictions à l'activité politique des étrangers sans qu'il en résulte une violation du droit à la liberté d'expression, de réunion et d'association ou une discrimination prohibée par l'art. 14.

On doit y ajouter l'art. 4 du Protocole n° 4 qui interdit les expulsions collectives d'étrangers et l'art. 1er du Protocole n° 7 qui fixe les garanties procédurales minimales en cas d'expulsion d'étrangers. Cette stipulation garantit aux étrangers en situation régulière sous le coup d'une mesure d'expulsion le droit de faire valoir les raisons qui militent contre leur éloignement, de faire examiner leur cas et de se faire représenter devant l'autorité compétente.

Au-delà de ces stipulations, la Conv. EDH fixe des garanties procédurales (A), des droits dits « indérogeables » (B) et des droits susceptibles de limitations (C).

A – Les garanties procédurales

Si les stipulations conventionnelles n'ont eu que relativement peu d'impact direct en droit des étrangers, elles ont néanmoins conduit les juges français à approfondir leur contrôle.

1. Droit à un procès équitable

Le **droit à un procès équitable (art. 6)** reste largement inapplicable en droit des étrangers. En effet, la jurisprudence européenne et le Conseil d'État considèrent que les décisions intervenant en matière de contrôle de l'immigration (entrée, séjour, mesures d'éloignement et mesures connexes) ne concernent ni le domaine civil, ni le domaine pénal.

S'agissant des mesures d'éloignement, la jurisprudence considère, de manière assurément contestable, que leurs répercussions sur les droits d'un requérant (par ex. contrat de travail) sont trop indirectes pour admettre la mise en œuvre de l'art. 6, alors même que les mesures de police affectant les étrangers ont à l'évidence des répercussions essentielles sur leurs droits personnels et notamment patrimoniaux.

Il semble ainsi légitime de s'interroger sur la validité du maintien d'une telle position, commune, des juges nationaux et européen. En effet, l'extension du volet civil de l'art. 6 § 1 pourrait justifier que le droit au « procès équitable » puisse concerner, par exemple, le refus de renouvellement d'un titre de séjour, surtout lorsque celui-ci n'est pas motivé par des considérations touchant à l'ordre public. Rien ne semble pouvoir justifier que les étrangers ne puissent bénéficier des garanties tirées du droit à un procès équitable, d'autant que les conséquences procédurales en droit français d'une applicabilité de l'art. 6 au contentieux des étrangers seraient particulièrement limitées.

Quoi qu'il en soit, l'art. 6 ne peut trouver à s'appliquer en l'état actuel du droit que « par ricochet », c'est-à-dire par exemple lorsqu'une mesure d'éloignement a pour effet d'empêcher l'intéressé de comparaître personnellement dans une instance civile ou pénale le concernant. La même solution s'appliquera lorsque l'intéressé apporte la preuve qu'il ne pourra bénéficier d'un procès équitable une fois rentré dans son pays d'origine.

2. Droit à un recours effectif

Le droit à un recours effectif (art. 13) s'applique à l'évidence à l'ensemble du contentieux des mesures administratives applicables aux étrangers en France, depuis le refus de visa d'entrée jusqu'aux mesures d'éloignement ou aux mesures connexes telle que la rétention administrative.

Cette applicabilité est toutefois largement inutile dès lors que ce droit à un recours effectif est considéré comme pleinement garanti par la mise en œuvre du recours pour excès de pouvoir, notamment parce que le juge administratif dispose de très larges pouvoirs de contrôle s'étendant non seulement au droit mais encore à la qualification des faits et à l'établissement de leur matérialité. La substitution d'un contrôle d'adéquation et de proportionnalité au contrôle de l'erreur manifeste d'appréciation opéré par le Conseil d'État semble largement due aux risques croissants de condamnation encourus par la jurisprudence française. De même, jusqu'en 2003, le juge n'exerçait qu'un contrôle restreint sur un refus de titre de séjour fondé sur un motif d'ordre public. Il considère désormais que lorsque l'administration oppose le motif d'ordre public pour rejeter une demande de titre de séjour, il appartient au juge de l'excès de pouvoir de rechercher si les faits invoqués par l'administration sont de nature à justifier légalement sa décision.

Le juge administratif a progressivement mis en œuvre ses nouvelles compétences, n'hésitant pas à faire usage de son pouvoir d'injonction (art. L. 911-1 et L. 911-2 CJA). Le développement des procédures d'urgence devant le juge administratif (*référé-suspension : art. L. 521-1 CJA et référé-liberté : art. L. 521-2 CJA)* a encore contribué à améliorer l'effectivité des recours. Ainsi, le droit de mener une vie familiale normale a été qualifié en tant que « liberté fondamentale » au sens de l'art. L. 521-2 CJA. Par exemple, si le recours formé contre un refus de titre de séjour n'a pas d'effet suspensif, l'étranger est fondé à assortir son recours d'une demande de référé-suspension. La suspicion de violation de l'art. 8 peut fonder l'existence du doute sérieux.

Enfin, les procédures contentieuses laissent de plus en plus place au caractère suspensif des recours, condition souvent déterminante pour éviter que les effets d'une annulation éventuelle de la mesure ne soient que purement « platoniques ».

3. Mesures provisoires

L'art. 34, qui prévoit le droit de requête individuel devant la Cour, stipule en particulier que les États parties s'engagent à n'entraver par aucune mesure l'exercice efficace de ce droit. En pratique, cette stipulation fait l'objet d'une application combinée avec l'art. 39 du règlement de la Cour selon lequel la chambre ou, le cas échéant, son président peuvent, soit à la demande d'une partie ou de toute autre personne intéressée, soit d'office, indiquer aux parties toute mesure provisoire qu'ils estiment devoir être adoptée dans l'intérêt des parties ou du bon déroulement de la procédure. De la combinaison de ces deux dispositions résulte l'obligation pour les États de respecter les mesures provisoires qui peuvent être ordonnées par les Présidents de Chambre. En effet, ces mesures provisoires ont pour objet de garantir l'effectivité du droit au recours individuel et leur inobservation constitue un manquement à l'art. 34. On ne peut que se féliciter de cette conception protectrice tout en constatant que son fondement juridique (le règlement de la Cour) est pour le moins incertain.

Ces principes seront appliqués en particulier lorsque la Cour est saisie de la compatibilité d'une mesure d'éloignement avec la Convention. Reste que, si l'État fait « la sourde oreille » en mettant néanmoins à exécution la mesure d'éloignement, aucune sanction directe ne pourra intervenir pour non respect de la mesure provisoire. En effet, celle-ci ne préjuge pas de la compatibilité au fond de la mesure par rapport à la Convention.

B – Les droits dits « indérogeables »

Au-delà de l'interdiction de l'esclavage et de la servitude (art. 4-1) et du principe de légalité des délits et des peines (art. 7) qui ne connaissent pas une application spécifique en droit des étrangers, la Convention comporte deux autres stipulations garantissant des droits ne pouvant faire l'objet d'aucune dérogation, même en cas de circonstances exceptionnelles.

L'art. 2 de la Conv. EDH protège le droit à la vie et peut trouver à s'appliquer notamment dans le cas d'une mesure d'éloignement vers un pays où l'intéressé pourrait faire l'objet de la peine de mort. Ceci explique que l'art. 2 soit appliqué à la lumière de l'art. 3 et du protocole n° 6 interdisant d'infliger la peine de mort en temps de paix.

L'interdiction des traitements inhumains et dégradants (art. 3) est évidemment applicable dans le contentieux des mesures d'éloignement, spécifiquement s'agissant de la fixation du pays de destination. L'autorité administrative et les juridictions éventuellement saisies tentent ainsi d'évaluer s'il existe des raisons sérieuses de croire que l'intéressé sera soumis, dans l'État vers lequel il doit être dirigé, à des traitements inhumains ou dégradants.

L'art. 3 peut encore recevoir application s'agissant de mesures applicables sur le territoire national, en particulier lorsqu'un étranger fait l'objet d'une mesure de maintien en zone d'attente ou de placement en centre de rétention administrative.

Plus largement, c'est le principe même de la dignité humaine que la Cour EDH protège pas le biais de l'art. 3.

Pour admettre la recevabilité d'une requête fondée sur l'art. 3, les juridictions tiennent compte des risques encourus, que ceux-ci émanent des autorités de l'État ou non ; le risque doit être réel et personnel et doit être établi par des motifs sérieux et avérés. Par ailleurs, les mauvais traitements doivent atteindre un minimum de gravité, dont l'appréciation est par essence relative.

C'est au requérant qu'incombe la charge de la preuve, même si les organes de la Convention tiennent compte par exemple d'une pratique non contestée de la torture dans le pays considéré. Toutefois, la circonstance que le régime en place soit connu pour violer les droits civils et politiques, si elle constitue un indice sérieux, n'est pas un critère suffisant. À l'inverse, l'amélioration de la situation des droits de l'homme dans un État peut conduire à exclure une violation de l'art. 3. L'attitude du requérant constitue également un élément d'appréciation.

Enfin, l'art. 3 ne sera pas admis si l'État responsable de la mesure d'éloignement a obtenu des assurances réelles de la part de l'État d'accueil, par exemple de ne pas requérir la peine de mort ou refouler les intéressés vers un pays où ils risquaient des mauvais traitements,

C – Les droits susceptibles de restrictions nécessaires dans une société démocratique

Les articles de la Convention garantissant ces droits ont tous la même structure : après la proclamation du droit garanti, ils indiquent en effet les conditions dans lesquelles il peut y être dérogé.

Le droit à la liberté et à la sûreté (art. 5) n'est protégé que sous réserve d'arrestations ou détentions selon les voies légales qui ne doivent pas être appliquées de manière arbitraire. Constitue en particulier une telle voie légale la privation de liberté d'une personne pour l'empêcher de pénétrer irrégulièrement sur le territoire (maintien en zone d'attente) ou contre laquelle une mesure d'éloignement est en cours (placement en rétention administrative).

L'art. 5 stipule par ailleurs que toute personne arrêtée doit être informée dans le plus court délai et dans une langue qu'elle comprend des raisons de son arrestation et de toute accusation portée contre elle. Les juges seront ainsi amenés à s'assurer du respect de ces stipulations en vérifiant que l'intéressé a été effectivement mis en mesure de faire valoir ses droits.

La protection des libertés de religion et d'expression (art. 9 et 10) ne peut concerner le droit des étrangers que dans la mesure où la décision contestée (par ex. une mesure d'éloignement) ne serait dictée que par la volonté de réduire l'exercice de ce droit, voire d'étouffer la propagation de ladite religion. On sait par ailleurs le juge administratif vigilant pour éviter les détournements de pouvoir ou de procédure.

Le droit au mariage (art. 12) peut être opposé à une mesure d'éloignement lorsque celle-ci peut être regardée comme ayant pour motif déterminant la prévention du mariage de l'intéressé. Cette applicabilité de l'art. 12 doit toutefois se combiner avec la volonté de lutter contre les mariages de complaisance.

Le droit à la non discrimination (art. 14) est mis en œuvre dans des conditions similaires au principe d'égalité en droit français, à ceci près que la discrimination contestée doit porter atteinte à l'exercice des droits protégés par la Convention. On précisera enfin que l'art. 1er du Protocole n° 12 a prévu une interdiction générale de la discrimination ; il est en effet indiqué que la jouissance de tout droit prévu par la loi doit être assurée, sans discrimination aucune, fondée notamment sur le sexe, la race, la couleur, la langue, la religion, les opinions politiques ou toutes autres opinions, l'origine nationale ou sociale, l'appartenance à une minorité nationale, la fortune, la naissance ou toute autre situation.

Si la Convention protège le **droit de circuler librement et de choisir sa résidence (art. 2 Protocole n° 7)**, cette stipulation n'est susceptible d'être invoquée que par les étrangers en situation régulière, dans les conditions déterminées par le droit interne. Quoi qu'il en soit, un étranger ne peut se fonder sur cette stipulation pour revendiquer un droit à l'entrée sur le territoire de l'un des États parties ou un droit de résidence.

Enfin, le **droit au respect des biens (art. 1er Protocole n° 1)** ne signifie pas qu'un étranger, qui possède des biens dans un autre pays que le sien, ait un droit à y résider de façon permanente pour jouir de sa propriété. Cette stipulation a toutefois trouvé à s'appliquer, en lien avec la prohibition des discriminations (art. 14) en matière de prestations sociales.

D – Le cas particulier du droit à mener une vie privée et familiale (art. 8)

On le sait, la Conv. EDH ne garantit aucun droit à l'entrée ou au séjour au profit des étrangers ; par suite, les étrangers ne peuvent tirer de la Conv. EDH aucune protection particulière contre des mesures de refus d'entrée ou d'éloignement du territoire. Toutefois, de telles mesures peuvent éventuellement porter atteinte au droit de l'intéressé au respect de sa vie privée ou familiale. Néanmoins, toute atteinte à ce droit n'est pas nécessairement contraire à l'art. 8 ; en effet, cette disposition prévoit la possibilité « *d'ingérence d'une autorité publique dans l'exercice de ce droit dès lors qu'elle constitue une mesure qui, dans une société démocratique, est nécessaire à la sécurité nationale, à la sûreté publique, au bien-être économique du pays, à la défense de l'ordre et à la prévention des infractions pénales, à la protection de la santé ou de la morale, ou à la protection des droits et libertés d'autrui* ». Il en résulte une jurisprudence abondante et complexe qui tente, au cas par cas, d'opérer la conciliation entre ce droit « fondamental » et la non moins nécessaire protection des prérogatives de l'État.

C'est en 1967 que la Commission européenne des droits de l'homme a établi le lien entre l'expulsion et le droit à une vie familiale normale, position confirmée par un arrêt de la Cour EDH du 21 juin 1988 (*Berrehab c/ Pays-Bas*).

La mise en œuvre des stipulations de l'article 8 Conv. EDH en droit des étrangers a d'abord été réalisée pour ce qui concerne les *mesures d'éloignement* du territoire national, le juge exerçant désormais un contrôle de proportionnalité entre l'intérêt public qui fonde la décision d'éloignement et le droit au respect de la vie privée et familiale. C'est à l'égard des mesures d'éloignement fondées sur la menace à l'ordre public que le contrôle de proportionnalité a le plus largement vocation à s'appliquer. L'existence d'une menace contre l'ordre public légitime, en principe, l'ingérence. Au surplus, dès lors qu'il n'existe pas de définition « conventionnelle » de l'ordre public, la Cour EDH laisse aux autorités nationales le soin de qualifier l'acte qui porte atteinte à l'ordre public. Il ne faut pourtant pas en conclure que l'État puisse éloigner un étranger sans prendre en compte la vie personnelle ou familiale de celui-ci.

L'application de l'art. 8 a ensuite été étendue aux *refus de visa* (notamment dans le cadre de l'entrée en France au titre du regroupement familial), aux *refus de séjour* ainsi qu'aux *mesures restreignant la liberté individuelle* des étrangers en France. Au total, c'est l'ensemble des décisions concernant l'entrée, le séjour et l'éloignement des étrangers qui tombe désormais sous le coup de l'art. 8. Par voie de conséquence, toute mesure administrative concernant les étrangers doit être précédée d'un examen particulier permettant d'évaluer l'influence éventuelle de la décision sur le droit de l'intéressé à mener une vie personnelle et familiale normale.

1. Existence d'une vie privée ou familiale

L'application de l'art. 8 suppose en premier lieu la reconnaissance de l'existence d'une famille et de la réalité des liens familiaux tissés par l'étranger en France.

C'est la *famille légitime* qui est au cœur de la protection prévue par l'art. 8 et l'on constate que la violation de cette disposition sera d'autant plus facilement retenue lorsque certains des membres de la famille (essentiellement le conjoint et les enfants) sont de nationalité française. À l'inverse, la polygamie reste un obstacle à la prise en compte du droit à une vie familiale normale.

Les *familles « recomposées »* entrent également dans le champ d'application de l'art. 8. Le juge semble de plus en plus prendre en considération l'attitude du requérant étranger vis-à-vis des enfants de son conjoint, soulignant par exemple que l'intéressé apporte un soutien matériel et affectif à la cellule familiale composée, outre d'enfants communs, également d'enfants propres à l'épouse.

Dans l'hypothèse d'une adoption, le juge tient compte des circonstances particulières, et notamment de l'âge de la personne adoptée.

Par suite, si l'étranger vit en France sans qu'aucun membre de sa famille n'y réside, il ne pourra invoquer une violation de l'art. 8 dans son volet "vie familiale". C'est le cas de tout spécialement de l'étranger *célibataire sans enfants.* La même solution sera retenue en cas de divorce ou d'absence de vie commune.

a) Concubinage

La jurisprudence a tout d'abord semblé assez réticente pour considérer qu'une situation de concubinage pouvait s'assimiler au mariage protégé par l'art. 8. Dans un premier temps, le juge n'a été conduit à ne retenir les hypothèses de concubinage que dans le but de « compenser » une durée insuffisante du mariage.

Plus récemment, le juge a admis que le concubinage pouvait faire naître, en tant que tel, une véritable vie familiale. Un couple de concubins sera particulièrement « protégé » en présence d'enfants ou pouvant attester d'un vrai désir d'avoir des enfants.

Finalement, le juge cherchera à déterminer la stabilité de la relation et prendra notamment en compte la durée du concubinage. Ainsi, même en présence d'un enfant à naître, le juge écartera la violation de l'art. 8 face à une situation de concubinage très récente.

Par analogie, le juge tiendra compte également des « mariages » non reconnus par le droit français, comme par exemple le mariage musulman.

b) Relations homosexuelles

C'est essentiellement sur le fondement du droit au respect de la vie privée que le juge sanctionne, le cas échéant, des mesures d'éloignement ou de refus de titre de séjour concernant des étrangers ayant des relations homosexuelles. La Cour recherche notamment si les personnes vivent effectivement ensemble et s'il existe entre elles un rapport de dépendance, notamment pécuniaire. Reste que la référence à la vie familiale n'est pas exclue de la jurisprudence administrative.

S'agissant des étrangers ayant conclu un PACS, le juge tient compte en particulier de l'ancienneté et de la stabilité des relations, mais ne mesure pas la stabilité des relations seulement en fonction de la date de conclusion du PACS ; il prend également en compte la durée réelle de la vie commune.

Il convient de rappeler que l'art. 12 de la loi du 15 nov. 1999 a indiqué que la conclusion d'un PACS constitue l'un des éléments d'appréciation des liens personnels en France au sens de l'art. L. 313-11-7° (délivrance de plein droit d'une carte de séjour « vie privée et familiale ») ; l'autorité administrative doit en tenir compte pour apprécier si un refus de délivrance du titre de séjour, compte tenu de l'ancienneté de vie commune, n'est pas de nature à entraîner une atteinte excessive au droit au respect de la vie privée de l'intéressé.

c) Vie familiale future

En principe, l'art. 8 garantit l'exercice du droit au respect d'une vie familiale existante ; il n'oblige pas un État à laisser un ressortissant étranger pénétrer sur son territoire pour y créer des liens familiaux nouveaux. Cette solution s'applique alors même que l'intéressé, célibataire, avait un projet de mariage. La jurisprudence en cette matière est toutefois excessivement factuelle et casuistique, pour ne pas dire, parfois, contradictoire. S'agissant par exemple de l'enfant à naître, le Conseil d'État a parfois conclu à l'absence de violation de l'art. 8 sans que cela l'empêche de retenir la solution inverse dans des hypothèses pourtant similaires. Il est vrai toutefois qu'en cette matière, les situations ne sont jamais totalement identiques.

Il va de soi que la présence d'un enfant à naître ne peut, à elle seule, entraîner le constat d'une violation de l'art 8 ; le juge analysera l'ensemble des éléments de l'espèce, notamment l'ancienneté des relations de couple, la durée de la présence en France ou la bonne intégration du requérant.

d) Autres liens familiaux

Selon la Cour, la notion de « vie privée » s'étend au droit « d'établir et d'entretenir des relations avec d'autres êtres humains, notamment dans le domaine affectif, pour le développement et l'épanouissement de sa propre personnalité ». Bien plus, au-delà des liens conjugaux et de filiation, la vie familiale a été jugée réelle s'agissant de rapports entre grands-parents et petits-enfants, entre un neveu et son oncle, entre frère et sœur, voire avec des demi-sœurs. Reste que le juge semble relativement réticent pour admettre l'existence d'une vie familiale tissée avec des collatéraux.

Un célibataire peut exciper d'une véritable vie familiale à l'égard de ses parents, frères et sœurs, même si les hypothèses en sont rares. Si les liens familiaux dans le pays d'accueil sont jugés trop faibles, c'est sur le fondement de la vie privée que s'exercera le contrôle.

2. Réalité de la vie familiale

Une fois constatée l'existence d'une vie familiale en France, il incombe à l'autorité administrative, et le cas échéant au juge, d'en déterminer la « réalité ». Quatre « critères » seront ainsi pris en considération.

a) Caractère récent des liens familiaux

Pour être constituée, la vie familiale nécessite une certaine durée à défaut de laquelle le moyen tiré de la violation de l'art. 8 sera écarté. Ainsi, l'existence de liens familiaux en France ne pourra suffire à caractériser une violation de l'art. 8 dès lors que l'intéressé n'est arrivé que tardivement en France.

L'étranger né en France et qui y a toujours résidé est ainsi présumé justifier d'une vie familiale en France. Il en va de même de *l'étranger qui justifie vivre en France depuis une longue durée*. Ces principes s'appliquent quelle que soit la cause de la durée de la présence en France, même lorsque celle-ci ne s'explique que par l'inertie administrative (par exemple, pour une durée de 9 ans entre le refus de reconnaissance du statut de réfugié et l'arrêté de reconduite à la frontière).

S'agissant des *immigrés dits « de la deuxième génération »*, les mesures d'éloignement sont présumées constituer une atteinte excessive à leur droit à mener une vie familiale normale, alors même qu'ils se sont rendus coupables d'infractions pénales. Il s'agit en effet de personnes de nationalité étrangère mais qui sont nées en France ou y ont résidé depuis leur plus jeune âge. La Cour EDH insiste sur l'importance des liens particuliers que ces immigrés ont tissés avec leur pays d'accueil où ils ont passé l'essentiel de leur existence. Ils y ont reçu leur éducation, y ont noué la plupart de leurs attaches sociales et y ont donc développé leur identité propre. Nés ou arrivés dans le pays d'accueil du fait de l'émigration de leurs parents, ils y ont le plus souvent leurs principales attaches familiales. Certains de ces immigrés n'ont même conservé avec leur pays natal que le seul lien de la nationalité.

La Cour EDH a fixé ses « critères » en matière d'appréciation du droit à une vie familiale normale des étrangers délinquants dans son arrêt *Boultif* de 2001 : la nature et la gravité de l'infraction commise par le requérant, la durée de son séjour dans le pays d'où il va être expulsé, la période qui s'est écoulée depuis la perpétration de l'infraction ainsi que la conduite de l'intéressé durant cette période, la nationalité des diverses personnes concernées, la situation familiale du requérant, par exemple la durée de son mariage, et d'autres éléments dénotant le caractère effectif de la vie familiale d'un couple, le point de savoir si le conjoint était au courant de l'infraction au début de la relation familiale, la naissance d'enfants légitimes et, le cas échéant, leur âge. En outre, la Cour examinera tout autant la gravité des difficultés que risque de connaître le conjoint dans le pays d'origine de son époux ou épouse, bien que le simple fait qu'une personne risque de se heurter à des difficultés en accompagnant son conjoint ne saurait en soi exclure une expulsion.

À l'inverse, le *caractère récent des liens familiaux* tissés en France permettra en général d'écarter le moyen tiré de la violation de l'article 8 Conv. EDH, même en présence d'une vie familiale réelle en France. La courte durée de la vie familiale peut néanmoins ne pas faire obstacle à l'existence d'une violation de l'art. 8 Conv. EDH, en présence de circonstances particulières tenant notamment à l'état de santé de membres de la famille.

b) Vie commune

La Cour EDH ne voit pas dans la vie commune une condition sans laquelle on ne saurait parler de vie familiale entre parents et enfants mineurs. En revanche, le juge administratif n'hésite pas à écarter le moyen tiré de la violation de l'art. 8 en cas d'absence de vie commune avec l'épouse et l'enfant résidant en France.

c) Vie familiale « factice » – Fraude

Il convient encore de tenir compte des conditions dans lesquelles la vie familiale s'est constituée ; irrégularité de la situation ou polygamie par exemple.

L'existence d'une *fraude* à la loi est de nature à écarter l'applicabilité de l'art. 8 ; ainsi, lorsqu'un titre de séjour a été obtenu par fraude, l'art. 8 sera inopposable à son retrait « compte tenu de l'atteinte causée à l'ordre public par la manœuvre frauduleuse ».

Le juge semble enfin se livrer à un contrôle de la « moralité » de la demande et du demandeur, rejetant par exemple la requête du père d'un enfant à l'entretien duquel il contribue mais qui attend un enfant d'une autre femme ou du père de cinq enfants dont l'épouse a demandé le divorce et porté plainte pour coups et blessures ou d'un étranger entretenant les enfants d'une autre union. La même solution sera retenue dans l'hypothèse où l'intéressé a, par le passé, démontré que la vie familiale n'était pas son souci primordial, comme par exemple l'étrangère ayant volontairement quitté son pays d'origine en y laissant sa famille, interrompant de ce fait sa vie familiale, alors même qu'elle est devenue ensuite tutrice légale de ses frères et sœurs.

La violation de l'art. 8 sera encore écartée lorsque les relations familiales n'ont en réalité qu'un caractère épisodique.

d) Maintien de liens familiaux à l'étranger

L'art. 8 Conv. EDH ne peut être utilement invoqué dès lors que l'intéressé dispose encore de liens familiaux avec son pays d'origine. Le juge exerce toutefois un contrôle extrêmement précis et considère que la circonstance que le requérant dispose encore de membres de sa famille dans son pays d'origine n'exclut pas nécessairement l'application de l'art. 8 dès lors qu'existe en France une vie familiale réelle, attestée notamment par la bonne intégration en France de l'intéressé.

En revanche, dès lors qu'est constatée la perte de toute attache avec le pays d'origine et en présence d'une vie familiale en France, le juge conclut plus aisément à la violation de l'art. 8. Le juge pourra même assimiler à l'absence d'attaches familiales à l'étranger l'impossibilité dans laquelle se trouve l'étranger de se rapprocher des membres de sa famille sans risque sérieux pour sa sécurité.

3. Nécessité du maintien en France

L'existence et la réalité de la vie familiale ne suffisent pas à caractériser une violation de l'art. 8 ; encore faut-il que la vie familiale ne puisse prospérer à l'étranger.

Même en présence d'une vie familiale réelle en France, l'art. 8 sera écarté dès lors que l'étranger n'est pas dans l'impossibilité de « transporter » cette vie familiale à l'étranger. Il en ira *a fortiori* de même lorsque l'intéressé a conservé des attaches réelles avec son pays d'origine.

Le refus d'accueillir le moyen fondé sur l'art. 8 Conv. EDH se fonde prioritairement sur le fait qu'aucune circonstance ne faisait obstacle à ce que *le requérant emmène avec lui sa famille.* C'est tout particulièrement le cas lorsque la mesure (refus d'entrée, éloignement) s'applique aux deux époux. En présence d'enfants, le juge vérifiera simplement s'il est possible aux parents de les emmener avec eux. Le juge semble toutefois ne pas s'interroger sur la question du pays de renvoi lorsque les deux époux sont de nationalité différente : dans ce cas en effet, ils seront en principe renvoyés dans deux pays différents.

À l'inverse, dès lors que l'exercice de la vie familiale est impossible dans le pays d'origine de l'intéressé, l'atteinte à son droit à une vie familiale normale sera considérée comme disproportionnée. Il peut s'agir d'une *impossibilité juridique* (ex. : placement d'enfants au service de l'aide sociale à l'enfance par ordonnance du juge des enfants ; exercice d'un droit de visite et d'hébergement découlant d'un jugement de divorce ; conflits de nationalité), de *circonstances propres au pays de destination* (par ex. risques sur la liberté ou la sécurité de la famille en cas de retour ; difficultés très probables d'insertion) ou du *soutien que l'étranger concerné apporte en France aux membres de sa famille* (soutien matériel mais également moral ; prise en considération de l'état de santé des enfants ou des autres membres de la famille).

Lire aussi :

- V. Berger, *Jurisprudence de la CEDH*, Sirey, 12e éd. 2011.
- M. Benlolo Carabot, *Les fondements juridiques de la citoyenneté européenne*, Thèse, Droit, Université Paris X, Bruylant, 2007.
- C. Bluman, "La citoyenneté de l'UE (bientôt 10 ans). Espoir et désillusion", *Mélanges Ipsen*, Berlin, 2002.
- J.L. Charrier, *Code de la Convention européenne des droits de l'homme*, Litec, 2005.
- R. Coulon, *Des droits de l'homme en peau de chagrin : le droit des étrangers dans la jurisprudence du Conseil constitutionnel*, L'Harmattan, 2000.
- C. Cournil, *Le statut interne de l'étranger et les normes internationales*, L'Harmattan, coll. "Logiques juridiques", 2005.
- B. Genevois, "Un statut constitutionnel pour les étrangers, À propos de la décision du Conseil constitutionnel n° 93-325 DC du 13 août 1993", *RFDA*, 1993, p. 871.
- F. Julien-Laferrière, H. Labayle, Edström, *La politique européenne d'immigration et d'asile : bilan critique cinq ans après le Traité d'Amsterdam*, Bruylant, 2005.
- J. Kissangoula, *La constitution française et les étrangers*, LGDJ, coll. "Bibl. constitutionnelle et de science politique", tome 102, 2001.
- J.-P. Marguenaud, *La Cour européenne des droits de l'homme*, Dalloz, coll. "Connaissance du droit", 5e éd., 2010.
- L.-E. Pettiti, E. Decaux, P. Imbert (dir.), *La Conv. EDH. Commentaire article par article*, 2e éd., Economica, 1999.
- F. Sudre (dir.), *Droit international et droit européen des droits de l'homme*, PUF, coll. "Droit fondamental", 10e éd., 2011. La *Convention européenne des droits de l'homme*, PUF, coll. "Que sais-je ?" ; n° 2513, 8e éd. 2010.
- F. Sudre, J.-P. Marguenaud, J. Andriansimbazovina, A. Gouttenoire, M. Levinet, *Les grands arrêts de la Cour européenne des droits de l'homme*, 6e éd., PUF, coll. "Thémis", 2011.
- D. Turpin, "Le statut constitutionnel de l'étranger", *Les petites affiches*, 15 mars 1991, p. 13 et s.
- X. Vandendriessche, "Statut constitutionnel de l'étranger ou érosion des droits fondamentaux ? Aperçu de la jurisprudence constitutionnelle", *in Le Front National au regard du droit*, Septentrion, nov. 2001, p. 97 ; "Le juge administratif et la libre circulation des personnes", *in Le juge administratif en Europe. Le dialogue des juges*, Presses Universitaires de Grenoble, 2004, p. 73.
- P. Wachsmann, *Les droits de l'homme*, Dalloz, coll. "Connaissance du droit", 5e éd., 2008.

Chapitre I
L'entrée en France

Depuis 1974, la France a adopté le principe de « l'immigration zéro » ; par voie de conséquence, l'entrée sur le territoire national de l'étranger « de droit commun » est subordonnée au respect du principe de souveraineté de l'État qui s'exprime ici essentiellement par l'attribution ou le refus du visa d'entrée (section 1). Au-delà du cas particulier des ressortissants européens et assimilés qui bénéficient du droit à la libre circulation, la tradition juridique de la France et les engagements internationaux auxquels elle a souscrit conduisent aujourd'hui à réserver un traitement particulier aux personnes qui entrent en France au titre du regroupement familial (section 2) ou du droit d'asile (section 3).

Section 1
L'étranger de droit commun

Aux termes de l'article L. 211-1, l'entrée ne sera considérée comme régulière que dans la mesure où l'étranger justifie de la production d'un certain nombre de documents qui permettront notamment d'évaluer la nature de son séjour. Le demandeur devra en outre faire état de moyens d'existence et de garanties de rapatriement. S'y ajoute désormais l'obligation de présentation de la prise en charge par un opérateur d'assurance agréé des dépenses médicales et hospitalières, y compris d'aide sociale, résultant de soins qu'il pourrait engager en France.

C'est le visa d'entrée (I) et l'attestation d'accueil (II) qui occupent ici une place déterminante ; à défaut, une décision de refus d'entrée sera prononcée, éventuellement assortie du maintien de l'intéressé en zone d'attente (III).

I – Le visa d'entrée

L'étranger qui désire entrer en France doit, dans la plupart des cas, obtenir préalablement un visa des autorités consulaires françaises à l'étranger.

Le visa d'entrée constitue la manifestation la plus forte du pouvoir souverain de chaque État d'autoriser l'entrée d'un étranger sur son territoire. Par voie de conséquence, les États disposent d'un très large pouvoir d'appréciation, pouvant ainsi se fonder sur tout type de considération pour refuser un visa. Si le visa constitue une condition obligatoire pour l'entrée en France, il ne confère pas un droit à son titulaire de pénétrer sur le territoire national

Par principe, tous les étrangers sont soumis à l'obligation du visa, même si certaines dispenses sont prévues (par ex. pour les étrangers détenteurs d'un titre de séjour). Les citoyens européens et assimilés ne peuvent se voir imposer aucun visa d'entrée. Les membres de leur famille, ressortissants d'États tiers, obtiendront un visa (s'ils y sont soumis) dès lors qu'ils établissent leur lien familial avec le ressortissant européen et sous la réserve d'ordre public.

ÉVOLUTION DES DEMANDES DE VISAS 2004-2010

	2004	2005	2006	2007	2008	2009	2010
Total des demandes	2 514 429	2 411 370	2 344 617	2 350 706	2 336 779	2 100 268	2 246 357
Refus de visas	391 410	307 575	250 476	240 233	224 991	224 053	217 331
Taux de refus	15,6 %	12,8 %	10,7 %	10,4 %	9,6 %	10,8 %	9,8 %
Total des délivrances	2 059 460	2 051 334	2 038 888	2 070 705	2 069 531	1 842 856	1 999 412

Source : http://www.immigration.gouv.fr/spip.php?page=dossiers_det_res&numrubrique=242&numarticle=2173

A – Différents types de visas

Il existe désormais deux grandes catégories de visas.

1. Le visa uniforme « Schengen »

Le code communautaire des visas (Règlement CE n° 810/2009 du 13 juill. 2009) rassemble désormais toutes les dispositions juridiques existantes relatives aux **visas d'une durée maximale de trois mois**, et définit des règles communes quant aux conditions et procédures de leur délivrance. Il comporte notamment des dispositions générales ainsi que des règles déterminant l'État membre responsable d'une demande de visa ; il harmonise les dispositions relatives au traitement des demandes et aux décisions. Afin de garantir l'égalité de traitement des demandeurs de visa, la Commission a rédigé un manuel relatif au traitement des demandes de visa.

Le visa uniforme, qui représente environ 90 % du total des visas délivrés, est valable sur le territoire européen de tous les États parties. Il est en principe délivré par le pays de destination principale (à défaut le poste diplomatique ou consulaire de première entrée). Il permet à un étranger de solliciter l'entrée sur le territoire Schengen pour des motifs autres que l'immigration.

2. Le visa de long séjour ou visa d'établissement

En second lieu, le **visa de long séjour**, dit visa d'établissement, concerne les séjours de plus de trois mois ; sa validité est d'un an maximum pour plusieurs voyages, chacun n'excédant pas trois mois. Il constitue en principe une condition nécessaire à l'obtention d'un titre de séjour. Les visas pour un séjour de plus de trois mois restent soumis aux procédures nationales et ne permettent le séjour que sur le seul territoire national. Néanmoins, les titulaires de tels visas pourront transiter par le territoire des autres parties contractantes en vue de se rendre sur le territoire de la partie contractante qui a délivré le visa, sauf s'ils ne satisfont pas aux conditions d'entrée.

Plus de 167 000 visas de long séjour ont été délivrés en 2010 dont près de la moitié à des étudiants étrangers. Ce sont en outre près de 36 000 visas de long séjour qui ont été délivrés à des conjoints de français, le mariage avec un français étant désormais la première cause d'immigration familiale. Enfin, moins de 20 000 visas de long séjour ont été délivrés pour l'exercice d'une activité professionnelle.

B – Délivrance du visa

En application du décret n° 2008-1176 du 13 nov. 2008, la délivrance du visa d'entrée est une compétence propre des chefs de poste consulaire. En l'absence d'une représentation diplomatique ou consulaire française dans l'État en cause, le visa « uniforme » peut être délivré par les services d'un autre État « Schengen », après autorisation préalable des autorités françaises.

Lorsque la demande de visa de long séjour émane d'un étranger entré régulièrement en France, marié en France avec un ressortissant de nationalité française et que le demandeur séjourne en France depuis plus de six mois avec son conjoint, la demande de visa de long séjour est présentée à l'autorité administrative compétente pour la délivrance d'un titre de séjour (art. L. 211-2-1).

Le demandeur doit, en règle générale, être invité à se présenter personnellement aux fins d'exposer oralement les motifs de sa demande, tout particulièrement lorsqu'il existe des doutes quant à l'objet effectif du séjour ou à l'intention de retour vers le pays de provenance. L'entretien avec le demandeur doit permettre de s'assurer de l'objet du voyage et d'apprécier le risque migratoire.

La délivrance d'un visa donne désormais lieu à une consultation de fichiers informatiques (cf. *infra*, chap. III), notamment le fichier des personnes recherchées (FPR) et surtout du Système d'information Schengen (SIS). Le signalement d'un étranger a en principe pour effet d'interdire son entrée dans l'espace Schengen.

C – Refus de visa

Le refus de visa est un acte de pure souveraineté qui, en théorie, n'oblige nullement son auteur à en indiquer les motifs. Pourtant, l'obligation de motivation a sensiblement progressé (1), même si les motifs de refus restent très larges (2).

1. Motivation

Dans la mesure où le visa est une expression de la souveraineté de l'État, il pouvait apparaître légitime qu'un éventuel refus ne soit pas soumis à l'obligation de motivation issue de la loi du 11 juill. 1979. Toutefois, le progrès des exigences de transparence de l'action administrative et la prise en considération de catégories particulières d'étrangers ont conduit le législateur (art. L. 211-2) à fixer une liste de personnes vis-à-vis desquelles un refus de visa devra nécessairement être motivé, sous la seule réserve de considérations tenant à la sûreté de l'État. Cette liste est fondée essentiellement sur les liens familiaux des demandeurs et sur les services rendus à la France (étrangers ayant combattu pour la France). À noter que les refus de visa opposés aux étudiants étrangers ne doivent plus faire l'objet d'une motivation.

Si le code communautaire est entré en application le 5 avril 2010, l'exigence de motivation des refus de visas pour les transits ou les séjours prévus sur le territoire des États membres d'une durée maximale de trois mois sur une période de six mois n'est applicable que depuis le 5 avril 2011 (Règlement (CE) n° 810/2009 du 13 juill. 2009).

2. Motifs de refus

L'administration dispose d'un très large pouvoir d'appréciation pour refuser un visa qui exprime le pouvoir souverain de l'État de ne pas accorder le droit d'entrée sur son territoire. En pratique, les refus sont fondés sur quatre causes principales.

Il s'agit tout d'abord, comme toujours en droit des étrangers, de la **menace à l'ordre public**, qui repose souvent sur l'existence d'infractions pénales, sans que cela constitue une condition ni nécessaire ni suffisante. Il convient que l'autorité administrative se livre à une analyse de la situation particulière du demandeur et le juge réalise un contrôle de proportionnalité entre la menace à l'ordre public et le droit de l'intéressé à mener une vie familiale normale. Les refus de visa pour motif d'ordre public sont fréquemment justifiés par l'inscription de l'intéressé au SIS, soit par les autorités françaises, soit par les autorités étrangères. En présence d'un tel signalement, l'administration est en principe fondée à refuser la délivrance d'un visa uniforme ou d'un visa d'établissement. À noter que le juge administratif s'est autorisé à vérifier le motif du signalement, même émanant d'une autorité étrangère.

Le refus de visa sera ensuite légalement fondé sur la constatation de l'existence de **manœuvres frauduleuses** révélant notamment un projet d'installation durable en France par détournement de l'objet du visa.

Les deux autres motifs les plus fréquemment invoqués sont l'Insuffisance des moyens d'existence et l'absence de sérieux du projet d'études.

D'autres considérations peuvent toutefois justifier un tel refus, telles que les insuffisances et incohérences de la demande présentée ou l'absence de justification réelle de la volonté de venir en France. Reste que l'administration ne peut fonder son refus sur des considérations totalement étrangères à la demande.

On signalera en particulier, car cela donne lieu à une jurisprudence aussi abondante que constante, que les bénéficiaires d'une autorisation de regroupement familial ne peuvent se voir refuser un visa d'entrée en se fondant sur l'intérêt supérieur de l'enfant au sens de la Conv. de New York.

On précisera enfin que l'art. L. 211-2-1 al. 4 prévoit que le visa pour un séjour d'une durée supérieure à trois mois ne peut être refusé à un conjoint de Français qu'en cas de fraude, d'annulation du mariage ou de menace à l'ordre public.

3. Contestation du refus de visa

Les décisions de refus de visa ne peuvent faire l'objet d'un recours direct pour excès de pouvoir devant le juge administratif.

a) La commission de recours contre les décisions de refus de visa

La commission de recours contre les décisions de refus de visa, autorité administrative mise en place par le décret du 10 nov. 2000, doit être obligatoirement saisie préalablement à tout recours juridictionnel et ses décisions de rejet se substituent à celles des autorités consulaires.

Les recours devant la commission doivent être formés dans un délai de deux mois à compter de la notification de la décision de refus. Ils doivent être motivés et rédigés en langue française. Ils sont seuls de nature à conserver le délai de recours contentieux. La commission ne peut être régulièrement saisie que par une personne justifiant d'un intérêt lui donnant qualité pour contester la décision de refus de visa ou par un mandataire dûment habilité.

Le président de la commission peut rejeter, sans réunir la commission, les recours manifestement irrecevables ou mal fondés. La commission peut soit rejeter le recours, soit recommander au ministre des affaires étrangères et au ministre chargé de l'immigration d'accorder le visa demandé.

Cette procédure particulière ne fait pas obstacle à la possibilité pour l'intéressé d'introduire un recours hiérarchique devant le ministre des Affaires étrangères contre le refus de visa ; mais cela n'a pas pour effet de soustraire le requérant à l'obligation de saisir la commission préalablement à l'introduction d'un recours contentieux, alors même qu'il se bornerait à demander l'annulation de la décision prise par le ministre sur le recours hiérarchique.

b) Exercice du contrôle

La Commission de recours contre les décisions de refus de visa doit, pour apprécier la situation de droit ou de fait dans laquelle se trouve un requérant, se placer à la date à laquelle elle statue et non pas à celle de la demande de visa ; à défaut, elle entache sa décision d'erreur de droit.

En raison de la nature même du visa, le juge administratif n'exerce qu'un contrôle restreint sur l'appréciation portée par l'administration sur la réalité des raisons invoquées au soutien de la demande de visa lorsque le demandeur invoque des raisons autres que familiales. Il exerce en revanche un contrôle normal sur l'appréciation à laquelle se livre l'autorité administrative pour estimer que les documents produits à l'appui d'une demande de visa ne permettent pas d'établir la réalité des liens familiaux dont se prévaut le demandeur. Il vérifie, au titre du contrôle de proportionnalité, que le refus de visa ne porte pas une atteinte disproportionnée au droit de l'intéressé à mener une vie familiale normale.

À noter que les procédures d'urgence (référé-suspension et référé-liberté) restent applicables aux décisions de refus de visa. Par ailleurs, l'annulation d'un refus de visa pourra donner lieu à la mise en œuvre, par le juge administratif, de son pouvoir d'injonction pouvant aller jusqu'à ordonner à l'administration de délivrer le visa en cause.

II – Le justificatif d'hébergement

Mis en place par un décret du 27 mai 1982, le justificatif d'hébergement est destiné aux étrangers désireux de se rendre en France pour une visite privée ou familiale qui seront accueillis et hébergés sur le territoire national par un citoyen français ou un ressortissant étranger en situation régulière (ce qui représente 80 % des visas de court séjour).

Le justificatif d'hébergement, qui prend la forme de l'attestation d'accueil, a pour but de s'assurer du consentement et de l'engagement de l'hébergeant et permet au visiteur de justifier des motifs de son séjour et de se voir ainsi accorder un traitement plus favorable quant aux ressources et garanties financières à présenter. Il a également pour objectif de s'assurer que le signataire de l'attestation est bien la personne qui déclare accueillir une ou plusieurs personnes déterminées et de vérifier qu'il dispose bien de la capacité d'héberger ses visiteurs dans des conditions normales.

A – Champ d'application

L'attestation d'accueil est en principe exigée pour tous les étrangers, même ceux qui ne sont pas soumis à l'obligation de visa. En sont toutefois dispensés, notamment les ressortissants européens et assimilés, les étrangers titulaires d'un titre de séjour ou du document de circulation délivré aux mineurs ainsi que les étrangers titulaires d'un visa portant la mention « carte de séjour à solliciter dès l'arrivée en France » et les personnes qui, de l'avis d'une commission peuvent rendre, par leurs capacités ou leurs talents, des services importants à la France, ou se proposent d'y exercer des activités désintéressées (art. L. 212-1 et L. 212-2). Sur les autres cas de dispense, voir art. R. 212-2 à R. 212-5.

B – Contenu de l'attestation d'accueil

L'attestation d'accueil indique l'identité du signataire (s'il agit comme représentant d'une personne morale, sa qualité), le lieu d'accueil de l'étranger, l'identité et la nationalité de la personne accueillie (le conjoint et les enfants mineurs de dix-huit ans de l'étranger accueilli peuvent figurer sur l'attestation d'accueil souscrite à son profit), les dates d'arrivée et de départ prévues, le lien de parenté, s'il y a lieu, du signataire de l'attestation d'accueil avec la personne accueillie, les caractéristiques du lieu d'hébergement et l'engagement de l'hébergeant de subvenir aux frais de séjour de l'étranger.

Si l'attestation d'accueil est souscrite par un Français ou un ressortissant européen (ou assimilé), elle comporte l'indication du lieu et de la date de délivrance d'un document établissant l'identité et la nationalité de celui-ci. Si l'attestation d'accueil est souscrite par un étranger qui n'est pas dispensé de l'obligation de détenir un titre de séjour, elle comporte également l'indication du lieu, de la date de délivrance et de la durée de validité du titre de séjour du signataire. Une attestation d'accueil ne pourra être validée sur présentation d'une autorisation provisoire de séjour, d'un récépissé de première demande de titre de séjour ou de demande d'asile.

C – Validation de l'attestation d'accueil

L'attestation d'accueil, signée par l'hébergeant et accompagnée des pièces justificatives, est présentée pour validation au maire de la commune du lieu d'hébergement ou, à Paris, Lyon et Marseille, au maire d'arrondissement, agissant en qualité d'agent de l'État. Le signataire de l'attestation d'accueil doit se présenter personnellement en mairie, muni de ses documents d'identité, d'un document attestant de sa qualité de propriétaire, de locataire ou d'occupant du logement dans lequel il se propose d'héberger le visiteur ainsi que de tout document permettant d'apprécier ses ressources et sa capacité d'héberger l'étranger accueilli dans un logement décent dans des conditions normales d'occupation. Chaque demande de validation d'attestation d'accueil donne lieu à la perception d'une taxe d'un montant de 45 € par étranger accueilli.

À la demande du maire, des agents spécialement habilités des services de la commune chargés des affaires sociales ou du logement ou l'Office français de l'immigration et de l'intégration (OFII) peuvent procéder à des vérifications sur place. Les agents qui sont habilités à procéder à ces vérifications ne peuvent pénétrer chez l'hébergeant qu'après s'être assurés du consentement, donné par écrit, de celui-ci. En cas de refus de l'hébergeant, les conditions d'un accueil dans des conditions normales de logement sont réputées non remplies.

Une circulaire du 23 nov. 2004 indique que les conditions normales de logement doivent être appréciées eu égard aux considérations de lieu et de temps, le maire disposant d'un large pouvoir d'appréciation et n'étant pas lié par les normes d'occupation et de superficie contenues notamment dans le code de la construction et de l'habitation (à l'exception des logements locatifs à usage d'habitation).

Le silence gardé pendant plus d'un mois par le maire sur la demande de validation de l'attestation d'accueil ou par le préfet sur le recours administratif vaut décision de rejet.

Tout recours contentieux dirigé contre un refus de validation d'une attestation d'accueil doit être précédé, à peine d'irrecevabilité, d'un recours administratif auprès du préfet territorialement compétent dans un délai de deux mois à compter du refus. Le préfet peut soit rejeter le recours, soit valider l'attestation d'accueil, le cas échéant après vérification par l'OFII des conditions de logement.

III – Le refus d'entrée et le maintien en zone d'attente

Même titulaire d'un visa d'entrée, un étranger peut faire l'objet d'un refus d'entrée pour différents motifs (A), la loi ayant surtout mis l'accent sur les règles procédurales du refus d'entrée (B). En outre, cette mesure peut s'accompagner du maintien en « zone d'attente » (C). Ce sont 17 681 refus d'entrée qui ont été prononcés en 2007.

A – Motifs

L'accès au territoire français peut être refusé à tout étranger qui ne présente pas les documents exigés, notamment en application du Code frontières Schengen, dont la présence constituerait une menace pour l'ordre public ou qui fait l'objet d'une mesure d'éloignement.

Le refus d'entrée pour *motif d'ordre public* peut être opposé à un étranger même s'il est titulaire d'un titre de séjour en cours de validité. En tout état de cause, une décision concernant le séjour d'un étranger doit être précédée d'un examen du cas particulier. La décision doit être spécialement motivée en droit et en fait et ne peut se contenter de simplement mentionner la menace contre l'ordre public.

Il appartient à l'autorité administrative d'apporter la preuve de la menace contre l'ordre public.

B – Procédure

Le refus d'entrée doit faire l'objet d'une décision écrite, spécialement motivée d'après les éléments de l'espèce dont le double est remis à l'intéressé. La décision mentionne le droit de l'intéressé d'avertir ou de faire avertir la personne chez laquelle il a indiqué qu'il devait se rendre, son consulat ou le conseil de son choix et de refuser d'être rapatrié avant l'expiration du délai d'un jour franc. Depuis la loi du 24 août 1993, la décision prononçant le refus d'entrée peut être exécutée d'office par l'administration. L'étranger peut être maintenu dans des locaux ne relevant pas de l'administration pénitentiaire pendant le temps strictement nécessaire à son départ, dans les conditions prévues aux art. L. 551-1 et s. (cf. *infra*). Une circulaire du 2 août 1989 a toutefois précisé que le droit au délai de 1 jour franc ne concerne que les décisions de refoulement aux frontières aériennes et maritimes, aucune mesure de rapatriement n'étant nécessaire pour mettre à exécution une décision de refus d'entrée à la frontière terrestre.

Le refus d'entrée s'accompagne en outre d'une sanction indirecte à l'égard du transporteur (art. L. 213-4) qui est dans l'obligation de réacheminer l'étranger concerné à son point de départ et qui doit assumer les frais de prise en charge de celui-ci (art. L. 213-6).

Enfin, dans le but de satisfaire à l'exigence d'effectivité du recours prévue par l'art. 13 Conv. EDH (CEDH, 26 avril 2007, Gebremedhin c/ France : n° 25389/05), la loi du 20 nov. 2007 a introduit un art. L. 213-9 mettant en place un recours suspensif au bénéfice de l'étranger qui fait l'objet d'un refus d'entrée sur le territoire français au titre de l'asile. Il peut, en effet, dans les quarante-huit heures suivant la notification de cette décision, en demander l'annulation, par requête motivée, au président du tribunal administratif qui statue dans un délai de soixante-douze heures à compter de sa saisine. Aucun autre recours ne peut être introduit contre la décision de refus d'entrée au titre de l'asile, laquelle ne peut être exécutée avant l'expiration d'un délai de quarante-huit heures suivant sa notification ou, en cas de saisine du président du tribunal administratif, avant que ce dernier ou le magistrat désigné à cette fin n'ait statué.

C – Le maintien en zone d'attente

L'étranger qui arrive en France par la voie ferroviaire, maritime ou aérienne et qui, soit n'est pas autorisé à entrer sur le territoire français, soit demande son admission au titre de l'asile, peut être maintenu dans une zone d'attente située dans une gare ferroviaire ouverte au trafic international, dans un port ou à proximité du lieu de débarquement, ou dans un aéroport, pendant le temps strictement nécessaire à son départ et, s'il est demandeur d'asile, à un examen tendant à déterminer si sa demande n'est pas manifestement infondée.

La loi du 16 juin 2011 a mis en œuvre une importante innovation en prévoyant la possibilité de création de zones d'attente temporaires (pour une durée maximale de vingt-six jours) pouvant se situer n'importe où sur le territoire, à la seule condition qu'un groupe d'au moins dix étrangers soit arrivé en France en un même lieu ou sur un ensemble de lieux distants d'au plus dix kilomètres.

16 318 placements en zone d'attente ont été prononcés en 2007 (dont près de 59 % à Roissy) dont 13 131 ont abouti à des refoulements. La durée moyenne de maintien est de trois jours (1,89 jour en 2006)

1. Champ d'application

Le maintien en zone d'attente concerne trois catégories d'étrangers : tout d'abord, ceux auxquels une décision de refus d'entrée est notifiée. Il s'agit ensuite des demandeurs d'asile, le maintien étant justifié par la nécessité de déterminer si la demande n'est pas « manifestement infondée ». Enfin, le maintien en zone d'attente peut également concerner l'étranger qui se trouve en transit dans une gare, un port ou un aéroport si l'entreprise de transport qui devait l'acheminer dans le pays de destination ultérieure refuse de l'embarquer ou si les autorités du pays de destination lui ont refusé l'entrée et l'ont renvoyé en France.

2. Durée du maintien en zone d'attente

L'étranger peut être maintenu en zone d'attente pour une durée maximale de vingt jours (voir trente pour le demandeur d'asile) qui se décompose en trois périodes distinctes.

a) Cas général

L'autorité administrative peut décider le maintien en zone d'attente pour une durée qui ne peut excéder quatre jours, ce qui a été considéré par le Parlement comme conforme à l'exigence du Conseil Constitutionnel de voir l'autorité judiciaire intervenir « dans les meilleurs délais ». En effet, le juge des libertés et de la détention peut seul prononcer le maintien en rétention pour une durée qui ne peut être supérieure à huit jours. Il statue par ordonnance dans les mêmes conditions qu'en cas de prolongation d'une mesure de rétention administrative. Enfin, à titre exceptionnel ou en cas de volonté délibérée de l'étranger de faire échec à son départ, le maintien en zone d'attente au-delà de 12 jours peut être renouvelé par le juge des libertés et de la détention pour une durée qu'il détermine et qui ne peut être supérieure à huit jours.

b) Demandeurs d'asile

S'agissant des demandeurs d'asile, le législateur a mis en place une procédure relativement complexe que l'on peut résumer en distinguant trois hypothèses :

– si l'étranger a présenté sa demande d'asile avant le quatorzième jour du maintien en zone d'attente, il est soumis aux mêmes règles que les autres étrangers et le maintien ne pourra excéder une durée totale de vingt jours ;

– si l'étranger présente sa demande d'asile entre le quatorzième et le vingtième jour du maintien en zone d'attente, celui-ci est prorogé d'office de six jours (art. L. 222-2 al. 2), portant ainsi la durée totale potentielle de maintien à vingt-six jours ;

– enfin, si le demandeur d'asile a vu sa demande rejetée et qu'il introduit un recours suspensif contre la décision de rejet (art. L. 213-9) dans les quatre derniers jours de la dernière décision de maintien (par ex. entre le vingt-deuxième et le vingt-sixième jour), le maintien en zone d'attente est prorogé d'office de quatre jours, portant ainsi la durée totale potentielle de maintien à trente jours.

Le juge des libertés et de la détention est informé immédiatement des prorogations d'office évoquées ci-dessus et peut toujours y mettre un terme. Si la prolongation du maintien est autorisée, l'autorité administrative est habilitée, soit à rechercher un moyen de rapatrier l'intéressé, soit à instruire sa demande d'asile.

3. Conditions du maintien en zone d'attente

Si le maintien en zone d'attente n'est pas considéré comme une mesure privative de liberté, c'est parce que l'étranger a la possibilité, à tout moment, d'y mettre fin, tout simplement en quittant le territoire national. Le législateur joue toutefois sur les mots : si l'étranger a fait l'objet d'une décision de refus d'entrée, c'est précisément parce qu'il a manifesté sa volonté d'entrer en France. Le maintien en zone d'attente permet justement de l'empêcher de mener à bien ce projet et constitue ainsi, en fait, une mesure limitant sa liberté personnelle.

Pour le surplus, le législateur a pris soin de mentionner expressément les droits dont l'étranger maintenu bénéficie : assistance d'un interprète, d'un médecin et d'un avocat, consignation des conditions du maintien sur un registre, contrôle par l'autorité judiciaire (information immédiate du procureur de la République et, à l'issue des quatre premiers jours, du juge des libertés et de la détention, qui peuvent se rendre sur place pour vérifier les conditions du maintien et se faire communiquer le registre).

Compte tenu de la création des zones d'attente temporaires, le législateur a souhaité “guider dans son office le juge des libertés et de la détention afin qu'il tienne compte, à l'occasion du contrôle opéré sur le maintien en zone d'attente, des circonstances particulières liées à l'appréhension d'un groupe d'étrangers non admis sur le territoire français, des effectifs et des délais d'acheminement des agents de l'autorité administrative compétente et des interprètes disponibles pour la notification des décisions de maintien en zone d'attente et des droits afférents”. Le juge est ainsi appelé à faire preuve d'une certaine “compréhension” s'agissant tout à la fois de la notification des droits des étrangers maintenus en zone d'attente mais également de la prise d'effet de ceux-ci.

Si l'étranger maintenu en zone d'attente est un mineur isolé, le procureur de la République lui désignera un administrateur ad hoc. En cas de danger pour un mineur, les art. 375 s. C. civ. permettent au tribunal pour enfants de prendre toutes les mesures de protection qu'il estime utiles, y compris confier l'enfant à un parent, à un tiers digne de confiance ou à une institution. Une telle décision implique l'admission du mineur sur le territoire.

Le délégué du Haut-commissariat des Nations unies pour les réfugiés ou ses représentants ont accès à la zone d'attente dans des conditions permettant de garantir leur accès effectif aux demandeurs d'asile, sous réserve d'un agrément individuel délivré pour une durée de trois mois, renouvelable pour la même durée. Cet agrément peut être retiré par décision motivée du ministre chargé de l'immigration. À noter que cet accès peut être restreint en raison des nécessités de l'ordre public et de la sécurité des transports.

L'habilitation des associations humanitaires ne peut être sollicitée que par les associations régulièrement déclarées depuis au moins cinq années et proposant par leurs statuts l'aide et l'assistance aux étrangers, la défense des droits de l'homme ou l'assistance médicale ou sociale. L'habilitation est accordée pour une durée de trois ans et peut faire l'objet d'une convention, l'accès à la zone d'attente des représentants des associations habilitées s'effectuant conformément aux stipulations de la convention.

Cet accès ne doit pas entraver le fonctionnement de la zone d'attente et les activités qu'y exercent les services de l'État, les entreprises de transport et les exploitants d'infrastructures. Il s'exerce dans le respect des opinions politiques, philosophiques ou religieuses des étrangers maintenus.

4. Sortie de la zone d'attente

La fin du maintien en zone d'attente peut tout d'abord résulter de l'éloignement effectif de l'intéressé. Dans ce cas, l'entreprise de transport aérien ou maritime qui l'a acheminé est tenue de le ramener sans délai, à la requête des autorités chargées du contrôle des personnes à la frontière au point où il a commencé à utiliser le moyen de transport de cette entreprise, ou, en cas d'impossibilité, dans l'État qui a délivré le document de voyage avec lequel il a voyagé ou en tout autre lieu où il peut être admis.

En revanche, si le maintien en zone d'attente n'est pas prolongé au terme du délai fixé par la dernière décision de maintien, l'étranger se verra attribuer un visa de régularisation de huit jours, lui permettant de déposer une demande d'asile ou de titre de séjour et, par voie de conséquence, de disposer d'une autorisation provisoire de séjour ou d'un récépissé de demande de carte de séjour.

5. Le contentieux du maintien en zone d'attente

La décision initiale de maintien en zone d'attente relève de la compétence exclusive du juge administratif ; en revanche, au-delà de quatre jours, seul le juge judiciaire est compétent. La loi du 16 juin 2011 a précisé que le juge devait statuer dans un délai de 24 ou 48 heures à compter de sa saisine ; le législateur a également entendu supprimer la faculté pour le juge de décider de la remise en liberté de l'étranger en cas de garanties de représentation suffisantes. Le Conseil constitutionnel (n° 2011-631 DC du 9 juin 2011) a considéré que cette disposition ne portait pas atteinte à l'office du juge dans son rôle de gardien de la liberté individuelle et ne méconnaissait pas le principe selon lequel la privation de liberté constitue une mesure d'exception et ne saurait devenir le principe. La loi de 2011 a également consacré un principe de "purge des nullités" ; en effet, les conditions de l'interpellation d'un étranger ne peuvent être discutées qu'à l'occasion de l'instance ouverte sur la première demande de prolongation du maintien en rétention de cet étranger et ne peuvent plus l'être devant le juge saisi d'une nouvelle demande de prolongation.

Le juge doit apprécier si le maintien en zone d'attente est indispensable pour assurer l'exécution de la décision administrative de refus d'entrée. En tout état de cause, le maintien en zone d'attente au-delà de quatre jours n'est qu'une faculté et le maintien pour une durée de 8 jours supplémentaires ne peut être justifié que par des circonstances exceptionnelles. Le juge ne peut se prononcer que sur la nécessité du maintien en zone d'attente et non sur la légalité de la décision de refus d'entrée.

Le législateur de 2011 a par ailleurs prévu qu'en cas de violation des formes prescrites par la loi à peine de nullité ou d'inobservation des formalités substantielles, le juge ne pourra décider de la mainlevée du maintien en zone d'attente que si la preuve est rapportée que l'irrégularité a eu pour effet de porter atteinte aux droits de l'étranger. On est pourtant en droit de considérer, s'agissant d'une mesure portant atteinte à la liberté individuelle, que toute irrégularité préjudicie nécessairement aux droits de la personne qui en est victime, sans qu'il soit nécessaire d'avoir à prouver, en outre, le grief qui en découle. Le Conseil constitutionnel a pourtant validé cette disposition sans y voir aucune atteinte à l'art. 7 DDHC.

Si l'ordonnance du juge des libertés et de la détention met fin au maintien en zone d'attente, la libération de l'étranger ne sera pas immédiate puisque l'étranger est maintenu à la disposition de la justice pendant un délai de six heures à compter de la notification de l'ordonnance au procureur de la République (sauf si ce dernier en dispose autrement). Autrement dit, un magistrat du Parquet a ainsi le pouvoir de faire échec, certes seulement pour une durée de six heures, à une décision d'un magistrat du siège prescrivant la fin du maintien en zone d'attente. Ce délai sera mis à profit par le procureur de la République pour éventuellement interjeter appel contre l'ordonnance et demander que cet appel soit déclaré suspensif.

Section 2
L'entrée au titre du regroupement familial

Avec le droit d'asile, le regroupement familial constitue aujourd'hui la seule procédure légale d'immigration en France (plus de 21 000 entrées en 2005). Ceci donne la mesure de son importance et nécessite d'analyser son champ d'application (I), ses conditions de mise en œuvre (II) et la procédure suivie (III).

I – Champ d'application

À l'instar d'autres dispositifs, les règles en matière de regroupement familial ne concernent pas les **ressortissants européens et assimilés** ni les étrangers membres de la famille d'un Français (conjoint, enfants de moins de 18 ans ou à charge, parents d'un enfant français résidant en France ou ascendants à charge). Il existe en outre une procédure spécifique dite « de **famille accompagnante** » qui concerne notamment les cadres dirigeants et de haut niveau ainsi que les conjoints étrangers de mandataires sociaux et les conjoints de fonctionnaires d'organisations internationales intergouvernementales. Dans le même esprit, les conjoints de **scientifiques** bénéficiaires de plein droit de la carte de séjour temporaire « vie privée et familiale » ne sont pas soumis à la procédure du regroupement familial.

Enfin, lorsque les bénéficiaires de **l'asile** conventionnel, de la protection subsidiaire ou les **apatrides** sont déjà mariés au moment où ils obtiennent leur statut, l'entrée en France de leur famille se fait en dehors de la procédure de regroupement familial. Celle-ci ne concerne donc que les intéressés qui se marient après l'obtention du statut.

Le regroupement familial ne concerne que le *conjoint* et les *enfants de moins de 18 ans* d'un ressortissant étranger bénéficiant d'un titre de séjour. Les ascendants ne sont donc pas visés par le regroupement familial ; s'ils veulent s'établir en France, ils doivent respecter le droit commun, sachant toutefois qu'une attestation de prise en charge par leurs enfants résidant régulièrement en France pourra être prise en compte pour l'appréciation du caractère suffisant de leurs ressources. Ces dispositions ne visent pas davantage les collatéraux, même s'ils sont à la charge et sous la garde du demandeur en application d'une décision de justice émanant du pays d'origine.

A – Le conjoint

L'entrée en France au titre du regroupement familial est réservée au conjoint légitime, que le mariage ait été célébré en France ou à l'étranger. Par suite, la loi exclut du bénéfice de cette procédure le simple concubin ; cette exclusion paraît peu compatible avec l'évolution du droit français et la prise en compte de l'article 8 Conv. EDH ; en effet, celui-ci est fréquemment appliqué dans l'hypothèse de couples vivant en concubinage.

Au surplus, la loi du 24 juill. 2006 a introduit une condition nouvelle relative à l'âge du conjoint : il doit avoir au minimum 18 ans à la date de dépôt de la demande de regroupement familial.

Si le demandeur est ressortissant d'un État autorisant la polygamie, il doit produire une déclaration sur l'honneur selon laquelle il ne vit pas en France en état de polygamie. L'autorité administrative doit ainsi rechercher si l'étranger n'a pas déjà fait entrer un premier conjoint ; si tel était le cas, le demandeur devrait prouver que cette première union a pris fin antérieurement à la demande par décès, une procédure de divorce (une répudiation homologuée dont la procédure est prévue par une convention entre la France et l'État étranger produit les mêmes effets que le divorce) ou une séparation de corps.

Le Conseil d'État a précisé que le regroupement familial, lorsqu'il est autorisé au profit du conjoint d'un étranger résidant en France, a pour objet de rendre possible la vie commune. En cas de rupture de celle-ci intervenant entre l'admission du conjoint sur le territoire et la date à laquelle l'administration statue sur la demande de titre de séjour, les conditions du regroupement familial ne sont plus réunies : l'administration peut donc légalement refuser le titre de séjour sollicité.

B – Les enfants de moins de 18 ans

Le regroupement ne concerne que les enfants légitimes du couple, les enfants naturels dont la filiation n'est établie qu'à l'égard du demandeur ou de son conjoint et les enfants adoptés sous réserve de la vérification par le ministère public de la régularité de la décision d'adoption et de son caractère définitif quand elle a été prononcée à l'étranger. Ainsi, contrairement à la pratique antérieurement suivie par l'administration, le regroupement concerne également les enfants ayant fait l'objet d'une adoption simple.

Sont également concernés les enfants mineurs issus d'une précédente union du demandeur ou du conjoint dont l'autre parent est décédé ou s'est vu retirer l'exercice de l'autorité parentale, les enfants d'une précédente union dont la garde a été confiée au parent demandeur ou dont la résidence habituelle a été fixée auprès de lui par décision de justice, sous réserve du consentement de l'autre parent.

L'art. L. 411-3 prévoit que le regroupement familial peut être demandé pour les mineurs confiés à leurs parents (le demandeur ou son conjoint) « au titre de l'exercice de l'autorité parentale, en vertu d'une décision d'une juridiction étrangère dont la copie devra être produite ainsi que l'autorisation de l'autre parent de laisser le mineur venir en France ». Cela devrait permettre de supprimer un effet pervers du texte antérieur, notamment lorsqu'il n'existe pas dans l'État d'origine de procédure de déchéance de l'autorité parentale.

L'âge s'apprécie à la date du dépôt de la demande ou à la date à laquelle la condition de dix-huit mois de résidence du demandeur (cf. *infra*) est remplie.

II – Conditions d'admission en France

Pour se voir accorder le regroupement familial, le demandeur (A) et les membres de la famille (B) doivent justifier de sept conditions cumulatives.

A – Conditions propres au demandeur

La loi fixe, à titre principal trois conditions s'appliquant à l'étranger qui réside en France et qui sollicite le regroupement familial : une durée de séjour de 18 mois, des ressources stables et régulières et un logement décent. Le législateur de 2007 y a ajouté un élément supplémentaire tenant au respect des principes essentiels qui, conformément aux lois de la République, régissent la vie familiale en France.

1. Durée de séjour du demandeur

Depuis la loi du 24 juill. 2006, la *durée du séjour régulier* nécessaire à l'étranger demandant à être rejoint par sa famille est passée d'un an à dix-huit mois.

Le demandeur doit être titulaire d'un titre de séjour dont la durée de validité est d'au moins un an. Sont donc exclus, bien entendu les étrangers en situation irrégulière, mais également les étrangers séjournant en France sous couvert d'une autorisation provisoire de séjour. Reste que l'art. R. 411-2. indique que le séjour régulier en France d'au moins dix-huit mois doit avoir été accompli sous couvert de l'un de ces titres ou d'une carte de séjour temporaire d'une durée de validité inférieure à un an, d'une autorisation provisoire de séjour, du récépissé d'une demande de première délivrance ou de renouvellement d'un titre de séjour ou du récépissé d'une demande d'asile.

2. Condition de ressources

L'étranger doit disposer de *ressources stables et suffisantes* pour subvenir aux besoins de sa famille. Sont prises en compte toutes les ressources du demandeur et de son conjoint pour autant que ce dernier soit régulièrement présent en France ou dispose de revenus qui continueront à lui être versés lorsqu'il quittera son pays ; si le conjoint est salarié à l'étranger, il ne dispose plus, par hypothèse, de revenus salariés lorsqu'il quitte son pays et ses ressources ne peuvent être prises en compte. Les revenus de remplacement (indemnités journalières, ASSEDIC, etc.) sont également pris en compte.

Sont expressément exclues au contraire de ces ressources les prestations familiales, le revenu de solidarité active, l'allocation de solidarité aux personnes âgées, l'allocation temporaire d'attente pour les étrangers, l'allocation de solidarité spécifique pour les travailleurs privés d'emploi qui ont épuisé leurs droits à l'allocation d'assurance ou à l'allocation de fin de formation et l'allocation équivalent retraite. La condition de ressources n'est toutefois pas exigée des titulaires de l'allocation aux adultes handicapés mentionnée à l'article L. 821-1 du code de la sécurité sociale ou de l'allocation supplémentaire mentionnée à l'article L. 815-24 du même code. Par ailleurs, dès lors que l'aide publique au logement ne constitue pas une prestation familiale, elle représente un élément des ressources du demandeur.

Ne sont pas davantage pris en compte les versements effectués spontanément par des tierces personnes (par exemple, une aide financière versée par des membres de famille), dans la mesure où leur stabilité n'est pas assurée. Par ailleurs, les ressources doivent être réelles et non éventuelles.

Le montant mensuel moyen des ressources du demandeur et, le cas échéant, de son conjoint, est calculé sur la base des douze derniers mois précédant le dépôt de la demande de regroupement familial. Les ressources doivent atteindre un montant qui tient compte de la taille de la famille du demandeur : moyenne mensuelle du salaire minimum de croissance pour une famille de 2 ou 3 personnes ; cette moyenne majorée d'un dixième pour une famille de quatre ou cinq personnes ; cette moyenne majorée d'un cinquième pour une famille de six personnes ou plus.

Quoi qu'il en soit, l'administration ne peut se contenter de considérer que les ressources sont insuffisantes au regard de ce barème et doit réaliser un examen particulier de la demande, au regard notamment du droit de l'intéressé à mener une vie familiale normale et de l'intérêt supérieur des enfants.

La stabilité des ressources est parfois délicate à établir car elle se fonde, non seulement sur leur nature, mais également sur la durée prévisible de leur perception. Celle-ci est appréciée en prenant en compte, le cas échéant, la nature et la durée du contrat de travail, et la pérennité de l'entreprise qui emploie l'intéressé, ou de celle qu'il a créée. La stabilité des ressources sera présumée en présence d'un contrat de travail à durée indéterminée. La présomption inverse s'applique aux contrats à durée indéterminée, mais il ne s'agit que d'une présomption simple. En cas de chômage, la demande sera normalement rejetée dès lors que les allocations perçues ne présentent pas le caractère de stabilité requis.

S'agissant des étudiants, les ressources dont ils disposent peuvent être suffisantes au regard du critère du SMIC, mais les autorisations de travail étant par hypothèse précaires et les changements de statut soumis à plusieurs conditions, les ressources que procurent leurs activités ne présentent, en principe, pas de garantie de stabilité.

S'agissant du **travailleur non salarié** (commerçant, artisan, agriculteur) ou d'un étranger n'exerçant aucune activité professionnelle, il y a lieu d'exiger la preuve par tout moyen (notamment déclaration fiscale) que l'intéressé a dégagé des ressources d'un montant au moins équivalent au SMIC. À défaut, la demande sera rejetée.

3. Conditions de logement

En troisième lieu, les *conditions de logement* que l'étranger se propose d'assurer à sa famille doivent être adaptées. L'art. L. 411-5-2° prévoit que le demandeur doit disposer, au plus tard à la date d'arrivée de sa famille en France, d'un logement considéré comme normal pour une famille comparable vivant dans la même région géographique. En effet, il est exclu d'accepter, même à titre provisoire, des conditions d'habitat gravement insuffisantes, voire dangereuses.

Les conditions de superficie ont été précisées par l'art. R. 411-5 et la circulaire du 22 févr. 2007 : pour tenir compte des disparités du coût du logement sur l'ensemble du territoire national, les conditions de logement sont donc appréciées en fonction du lieu de résidence. Les surfaces minimales exigées ont par ailleurs été relevées, la limite supérieure de la modulation, dans la zone C où le logement est le moins cher, correspondant aux normes fixées par l'article R. 111-2 du code de la construction et de l'habitation (28 m^2 pour un couple).

	COUPLE	3	4	5	6	7	8 (ou plus)
Zone A	22 m^2	32 m^2	42 m^2	52 m^2	62 m^2	72 m^2	82 m^2 (+ 5m^2 / pers. supplémentaire)
Zone B	24 m^2	34 m^2	44 m^2	54 m^2	64 m^2	74 m^2	84 m^2 (+ 5m^2 / pers. supplémentaire)
Zone C	28 m^2	38 m^2	48 m^2	58 m^2	68 m^2	78 m^2	88 m^2 (+ 5m^2 / pers. supplémentaire)

Les conditions d'hygiène, de confort, et d'habitabilité du logement sont appréciées notamment par référence au décret du 30 janv. 2002 relatif aux caractéristiques du logement décent. N'entre pas en compte la localisation du logement et notamment son éloignement du lieu de travail du demandeur. Il en va de même du titre juridique permettant l'occupation du logement, que le demandeur soit propriétaire, locataire, colocataire, voire occupant à titre gratuit.

B – Conditions applicables aux membres de la famille

Les membres de la famille doivent justifier d'une connaissance suffisante de la langue et des valeurs de la République, ne pas être susceptibles de troubler l'ordre public ou être porteurs d'une maladie grave. Les textes prohibent par ailleurs le regroupement familial « sur place » et partiel.

1. Connaissance de la langue et des valeurs de la République

L'art. L. 411-8 a prévu que, pour lui permettre de préparer son intégration républicaine dans la société française, le ressortissant étranger âgé de plus de seize ans et de moins de soixante-cinq ans pour lequel le regroupement familial est sollicité bénéficie, dans son pays de résidence, d'une évaluation de son degré de connaissance de la langue et des valeurs de la République. Si cette évaluation en établit le besoin, l'autorité administrative organise à l'intention de l'étranger, dans son pays de résidence, une formation dont la durée ne peut excéder deux mois, au terme de laquelle il fait l'objet d'une nouvelle évaluation de sa connaissance de la langue et des valeurs de la République. La délivrance du visa est subordonnée à la production d'une attestation de suivi de cette formation.

Cette même loi étend l'obligation de conclusion d'un contrat d'accueil et d'intégration par lequel les intéressés s'obligent à suivre une formation sur les droits et les devoirs des parents en France, ainsi qu'à respecter l'obligation scolaire. Le président du conseil général est informé de la conclusion de ce contrat. En cas de non-respect des stipulations de ce contrat, manifesté par une volonté caractérisée de l'étranger ou de son conjoint, le préfet peut saisir le président du conseil général en vue de la mise en œuvre du contrat de responsabilité parentale prévue à l'article L. 222-4-1 du code de l'action sociale et des familles.

2. Ordre public

La présence des étrangers sur le territoire français ne doit pas constituer une *menace pour l'ordre public*. Cette notion doit être entendue strictement ; il est notamment exclu de retenir des considérations d'ordre économique ou social pour estimer qu'il existe une menace contre l'ordre public. Par exemple, en retenant comme motif de rejet de la demande les difficultés d'insertion sociale et les risques d'exclusion que serait susceptible de connaître toute nouvelle famille s'installant dans la zone d'habitat concernée, le préfet a méconnu ses obligations ; il en va de même de la circonstance que le logement serait situé dans une zone où, pour des motifs d'ordre public, il n'était pas possible d'admettre une nouvelle famille.

En revanche, un signalement SIS suffira pour entraîner le rejet de la demande. Par ailleurs, le préfet est en situation de compétence liée pour refuser un regroupement familial au profit d'un étranger sous le coup d'un arrêté d'expulsion.

3. Santé

Des *raisons de santé* ne doivent pas s'opposer au regroupement familial. Celui-ci ne peut être accordé lorsque les bénéficiaires sont porteurs d'une maladie visée au titre V du règlement sanitaire international (peste, choléra, fièvre jaune) ou de tuberculose en phase évolutive, toxicomanie et troubles mentaux de nature à compromettre l'ordre public ou la sûreté des personnes. À noter que le sida ne figure pas parmi ces maladies.

4. Regroupement familial sur place

Le regroupement familial pour les *personnes qui résident déjà sur le territoire français* est en principe interdit. Cette exigence traduit la volonté du législateur d'empêcher le détournement de la procédure du regroupement familial. L'administration n'est toutefois pas en situation de compétence liée et il est possible d'autoriser un regroupement familial « sur place » en raison, par exemple, de la nécessité de ne pas séparer les membres de la famille ou de circonstances d'ordre médical (par exemple, grave maladie ou handicap affectant le chef de famille et nécessitant une assistance personnelle familiale). L'autorité administrative doit ainsi notamment vérifier qu'un refus ne porte pas une atteinte disproportionnée au droit de l'intéressé à une vie familiale normale.

Dans le cas où un étranger qui réside régulièrement en France contracte mariage avec une personne de nationalité étrangère régulièrement autorisée à séjourner sur le territoire national sous couvert d'une carte de séjour temporaire d'une durée de validité d'un an, le bénéfice du droit au regroupement familial est accordé sans recours à la procédure d'introduction.

5. Regroupement familial partiel

Enfin, le droit positif prévoit encore *l'interdiction du regroupement familial* partiel. Dès lors que le regroupement familial vise à permettre la restauration de l'unité de la famille, il paraît logique d'interdire le fractionnement de celle-ci par le jeu de la procédure légale. Le Conseil constitutionnel a toutefois précisé qu'un regroupement partiel pourra être autorisé « pour des motifs tenant à l'intérêt de l'enfant ». Il peut s'agir de la santé ou de la scolarité des enfants, des conditions de logement de la famille, de l'engagement d'un cycle d'études à l'étranger ou de l'impossibilité médicale de déplacement. Dans ce cas, la demande doit comporter un exposé des motifs. À l'inverse, comme l'a décidé le juge, ne peut constituer un regroupement familial partiel le regroupement qui ne concerne que l'épouse d'un étranger installé en France et non ses six enfants ; le motif tenant à l'intérêt des enfants fait, par nature, défaut.

III – Procédure

L'étranger demandeur doit remplir un formulaire qu'il dépose personnellement soit auprès du service de l'État désigné par le préfet ou, éventuellement, de l'OFII directement. À l'appui de sa demande, il doit fournir notamment les justificatifs de l'état civil des membres de la famille, son propre titre de séjour, ses justificatifs de revenus et les documents relatifs au logement. Lorsque le dossier est complet, le service délivre une attestation de dépôt de la demande qui fait courir le délai de 6 mois à l'expiration duquel l'administration doit avoir fait connaître sa décision.

A – L'instruction de la demande

L'autorisation d'entrer sur le territoire dans le cadre de la procédure de regroupement familial est donnée par le préfet, après vérification par le maire et, le cas échéant, par l'OFII, des conditions de ressources et de logement. Pour s'assurer du respect de ces conditions, les agents spécialement habilités des services de la commune chargés des affaires sociales ou du logement procèdent à des vérifications sur place, le dossier de demande déposé par l'étranger comportant autorisation écrite à cette fin. En cas de refus de l'occupant ou d'attitude dilatoire de sa part, les conditions de logement permettant le regroupement familial sont réputées non remplies.

Le maire dispose d'un délai de 2 mois pour rendre son avis à l'OFII ; en cas de silence au-delà de ce délai, l'avis est réputé favorable. L'autorité diplomatique ou consulaire dont relèvent les membres de la famille est informée du dépôt de la demande. Le consulat a compétence pour vérifier les documents d'état civil et signalera à l'OFII toute anomalie. L'enquête de l'OFII et l'avis du maire sont transmis à la *DDASS* qui est chargée de formuler une proposition de décision.

B – La décision

La DDASS peut bénéficier d'une délégation du préfet pour prendre la décision. À défaut, c'est le préfet qui décide et en informe le demandeur, le maire de la commune d'accueil, l'OFII et l'autorité consulaire. Cette décision administrative doit être motivée et peut faire l'objet de recours administratifs ou contentieux. Si le préfet n'a pas statué dans le délai de 6 mois à compter de l'enregistrement de la demande, cela équivaut à une décision implicite de rejet mais sans que cela ait pour effet de dessaisir le préfet qui doit s'efforcer de prendre une décision expresse le plus rapidement possible.

Le refus de faire droit à une demande de regroupement familial relève du contrôle normal du juge administratif, dès lors que textes instituent un *droit au regroupement familial*. Par ailleurs, le juge a mis en œuvre son pouvoir d'injonction en cas d'inexécution d'une décision juridictionnelle procédant à l'annulation d'un refus de regroupement familial.

La *demande de visa* d'entrée doit être formulée dans un délai qui ne peut excéder six mois à compter de la notification au demandeur de la décision favorable du préfet. L'entrée de la famille sur le territoire français doit intervenir dans un délai qui ne peut excéder trois mois à compter de la délivrance du visa. Au terme de ce délai, l'autorisation de regroupement familial est réputée caduque. La loi ne confère aucun pouvoir aux autorités consulaires pour refuser de délivrer le visa au (x) bénéficiaire(s) du regroupement familial, sauf en cas de fraude avérée ou de menace à l'ordre public, à condition que ces éléments soient apparus après la décision préfectorale autorisant le regroupement familial. En revanche, un refus de visa ne peut être opposé en se fondant sur l'intérêt de l'enfant.

Contrairement au « droit commun » (cf. *supra*), le juge administratif exerce un contrôle complet sur le refus de visa et il n'hésite pas à faire application de son pouvoir d'injonction en considérant que l'annulation d'un refus de regroupement familial était entièrement exécutée dès lors que l'autorité préfectorale avait procédé à un nouvel examen du dossier de demande.

Un *titre de séjour* d'un an emportant le cas échéant autorisation de travail est délivré aux membres de la famille à leur arrivée en France. Ils peuvent obtenir une carte de résident (art. L. 314-9-1°) après seulement trois années de résidence en France, et à la condition que l'étranger qu'ils sont venus rejoindre soit lui-même titulaire d'une carte de résident.

C – Remise en cause du regroupement familial

Il existe deux hypothèses de *remise en cause du regroupement familial* entre l'obtention de l'autorisation et l'admission des membres de la famille : les conditions du regroupement ne sont plus réunies, par exemple quand il y a rupture du lien familial, pratique de la polygamie ou modification des conditions de ressources ou de logement. Il en va de même quand il y a rupture de la vie commune pendant les trois années qui suivent la délivrance du titre de séjour du conjoint.

La possibilité de retrait du titre de séjour disparaît si un ou plusieurs enfants sont nés de cette union, lorsque l'étranger est titulaire de la carte de résident et qu'il établit contribuer effectivement, depuis la naissance, à l'entretien et à l'éducation du ou des enfants dans les conditions prévues à l'article 371-2 du code civil.

Enfin, lorsque la communauté de vie a été rompue à l'initiative de l'étranger admis au séjour au titre du regroupement familial, en raison de violences conjugales qu'il a subies de la part de son conjoint, l'autorité administrative ne peut procéder au retrait de son titre de séjour et peut en accorder le renouvellement.

Section 3
L'entrée du demandeur d'asile

Dès lors que l'art. 34 de la Convention de Genève fonde le principe de non refoulement du demandeur d'asile, celui-ci bénéficie d'un droit à l'examen de sa demande (I.) qui présente toutefois des limites de plus en plus nombreuses (II.).

En 2010, l'Office français de protection des réfugiés et apatrides (OFPRA) a enregistré 52 762 demandes de protection internationale (apatrides, réexamens et mineurs accompagnants compris), soit une augmentation de 10,6 % de la demande globale par rapport à l'année précédente. Le taux global d'admission (OFPRA et Cour nationale du droit d'asile – CNDA – en appel) s'établit à moins de 20 % et ce sont environ 140 000 personnes qui sont placées sous protection.

I – Différents types de demande

Il convient de soigneusement distinguer asile conventionnel et asile constitutionnel (A) d'une part et protection subsidiaire (B) d'autre part.

A – Asile conventionnel et asile constitutionnel

Au sens large, l'asile peut se définir comme la protection accordée par l'État à un individu menacé par des risques pour sa vie, sa liberté ou sa sécurité. Le demandeur d'asile peut ainsi tout d'abord invoquer la Convention de Genève s'il craint avec raison d'être persécuté du fait de sa race, de sa religion, de sa nationalité, de son appartenance à un certain groupe social ou de ses opinions politiques.

Le Conseil constitutionnel a considéré que le quatrième alinéa du Préambule de la Constitution de 1946 aux termes duquel « *tout homme persécuté en raison de son action en faveur de la liberté a droit d'asile sur les territoires de la République* », met en œuvre un droit fondamental, et un fondement autonome du bénéfice de l'asile. Le Préambule ne s'applique qu'à l'homme persécuté (et non aux craintes de persécutions) et il ne prévoit qu'un seul motif de persécution (l'action en faveur de la liberté).

C'est en raison de cette dualité que l'art. 53-1 C. prévoit que, même si la demande d'asile ne relève pas de la compétence française au sens des Conventions de Schengen et Dublin, « *les autorités de la République ont toujours le droit de donner asile à tout étranger persécuté en raison de son action en faveur de la liberté ou qui sollicite la protection de la France pour un autre motif* ».

L'assimilation entre les deux (bénéficiaire de l'asile et réfugié) est toutefois également réalisée par la Convention du Dublin relative à la détermination de l'État responsable de l'examen d'une demande d'asile.

S'il existe donc bien deux fondements à la qualité de réfugié, une seule procédure et un régime juridique unique fondé sur la Convention de Genève sont mis en œuvre. Par suite, l'asile constitutionnel produit les mêmes effets que l'asile conventionnel.

B – Protection subsidiaire

Depuis la loi du 10 déc. 2003, la « protection subsidiaire » peut être accordée à toute personne qui ne remplit pas les conditions d'octroi du statut de réfugié et qui établit qu'elle est exposée dans son pays à la peine de mort, la torture ou des peines ou traitements inhumains ou dégradants ou, s'agissant d'un civil, à une menace grave, directe et individuelle contre sa vie ou sa personne en raison d'une violence généralisée résultant d'une situation de conflit armé interne ou international.

Le bénéfice de la protection subsidiaire est accordé pour une période d'un an renouvelable. Le renouvellement peut être refusé à chaque échéance lorsque les circonstances ayant justifié l'octroi de la protection ont cessé d'exister ou ont connu un changement suffisamment profond pour que celle-ci ne soit plus requise. Il peut être mis fin à tout moment au bénéfice de la protection subsidiaire s'il existe des raisons sérieuses de penser que le bénéficiaire a commis un crime contre la paix, un crime de guerre, un crime contre l'humanité ou un crime grave de droit commun ; il en ira de même si le bénéficiaire s'est rendu coupable d'agissements contraires aux buts et aux principes des Nations unies ou si son activité sur le territoire constitue une menace grave pour l'ordre public, la sécurité publique ou la sûreté de l'État.

II – Les limites au droit au séjour provisoire et à l'examen de la demande

Les demandeurs d'asile sont dispensés de produire les documents normalement exigés pour entrer en France (art. L. 741-3) et se voient en principe délivrer une autorisation provisoire de séjour (A), sous quatre réserves (B).

A – L'autorisation provisoire de séjour

Tant qu'il n'a pas été statué sur son cas, le demandeur d'asile se verra attribuer par le préfet une autorisation provisoire de séjour (APS) « en vue de démarches auprès de l'OFPRA » qui permet de considérer son titulaire comme étant en situation régulière sur le territoire français (malgré son entrée irrégulière éventuelle) mais qui n'a pas pour effet de régulariser les conditions de l'entrée en France (art. L. 311-4). Très clairement, cela signifie que si l'intéressé est finalement débouté de sa demande, son « séjour » en France ne pourra entrer en ligne de compte pour l'attribution éventuelle d'une carte de séjour à un autre titre. Il convient également de signaler que l'APS n'autorise pas le demandeur à travailler ; il est ainsi soumis aux règles de droit commun applicables aux travailleurs étrangers pour la délivrance d'une autorisation de travail.

L'APS, délivrée dans les quinze jours de la demande, a une durée de validité d'un mois. À l'issue de ce délai, le demandeur est mis en possession d'un récépissé de la demande d'asile valant autorisation provisoire de séjour dans un délai maximal de trois jours, sur présentation de la lettre de l'OFPRA l'informant de l'enregistrement de sa demande d'asile. Ce récépissé porte la mention « récépissé constatant le dépôt d'une demande d'asile » et a une durée de validité de trois mois renouvelable jusqu'à la notification de la décision de l'OFPRA.

Lorsqu'à la suite d'une décision de rejet devenue définitive sur une précédente demande d'asile, l'intéressé entend soumettre à l'OFPRA des éléments nouveaux, la validité de l'autorisation provisoire de séjour qui lui est délivrée est limitée à quinze jours.

L'accès au marché du travail ne peut être autorisé au demandeur d'asile que dans le cas où l'OFPRA, pour des raisons qui ne sont pas imputables au demandeur, n'a pas statué sur la demande d'asile dans un délai d'un an suivant l'enregistrement de la demande. Dans ce cas, le demandeur d'asile est soumis aux règles de droit commun applicables aux travailleurs étrangers pour la délivrance d'une autorisation provisoire de travail. La situation de l'emploi lui est opposable.

Sur présentation de l'accusé de réception d'un recours devant la CNDA contre une décision négative de l'OFPRA ou du reçu de l'enregistrement du recours délivré par la CNDA, le demandeur d'asile obtient le renouvellement du récépissé de la demande d'asile d'une durée de validité de trois mois renouvelable jusqu'à la notification de la décision de la cour.

B – Hypothèses de refus de délivrance de l'APS

En l'état actuel du droit positif, la demande d'autorisation provisoire de séjour peut faire l'objet d'un refus dans quatre cas : deux en application directe de conventions internationales (1) et deux autres en application de règles du droit interne (2).

1. Application des conventions internationales

Lorsqu'elle relève de la compétence d'un autre État en application des Conventions de Schengen ou Dublin (art. L. 741-4-1°) ou lorsque le demandeur d'asile a la nationalité d'un pays pour lequel ont été mises en œuvre les dispositions de l'article 1er C 5 de la Convention de Genève du 28 juillet 1951 (art. L. 741-4-2°), la demande d'asile sera rejetée.

a) Demande relevant de la compétence d'un autre État

Dans le but de faire échec aux demandes multiples présentées dans plusieurs pays, c'est désormais le règlement communautaire du 18 févr. 2003 dit « Dublin II » qui pose le principe du traitement unique d'une demande d'asile. Il convient par conséquent de déterminer lequel des États sera tenu pour responsable du traitement de la demande : le premier critère s'applique aux mineurs non accompagnés : l'État responsable de la demande est celui dans lequel un membre de la famille se trouve légalement. Pour un demandeur majeur ou mineur accompagné, il s'agira de l'État ayant reconnu réfugié un membre de la famille (à l'exclusion des ascendants à charge et des collatéraux) du demandeur ; à défaut, il s'agira de l'État dans lequel la demande d'asile d'un membre de la famille est en cours d'examen, de l'État ayant délivré un visa ou un titre de séjour, de l'État de premier accueil ou enfin du premier État auquel la demande d'asile est présentée.

Quand la France n'est pas responsable de la demande, l'intéressé se verra refuser l'admission au séjour et sera renvoyé vers l'État responsable de sa demande. C'est l'application de la procédure de réadmission qui constitue ainsi une nouvelle catégorie de mesures d'éloignement qui ne peut faire l'objet du contentieux spécial applicable à l'obligation de quitter le territoire, seul le recours pour excès de pouvoir de droit commun restant ouvert. Le requérant sera rarement recevable à accompagner son recours d'une demande de référé-suspension car la décision contestée n'est pas susceptible de changer sa situation de droit ou de fait. La procédure de référé-liberté est évidemment recevable et un recours sera favorablement accueilli, notamment lorsque les conditions de traitement des demandes d'asile dans le pays responsable méconnaissent manifestement le droit d'asile ou lorsque la décision porte une atteinte disproportionnée au droit de l'intéressé à mener une vie familiale normale.

Le demandeur doit être informé par écrit et dans une langue qu'il comprend des conditions d'application du règlement du 18 févr. 2003 ; à défaut, l'autorité administrative porte une atteinte grave et manifestement illégale à la liberté fondamentale que constitue le droit d'asile. En outre, le juge s'autorise à vérifier que le refus des autorités françaises de faire usage de la faculté d'examiner la demande d'asile de l'intéressé, alors que cet examen relève normalement de la compétence d'un autre État, ne méconnaît pas de façon manifeste le droit constitutionnel d'asile.

En tout état de cause, cette décision devra être prise après que l'intéressé ait été entendu et après lui avoir laissé la possibilité de prévenir son consulat ou la personne de son choix. L'administration n'est toutefois pas en situation de compétence liée pour procéder à la réadmission dès lors que la France peut toujours prendre en charge une demande d'asile relevant de la compétence d'un autre État.

La saisine de l'État responsable doit intervenir dans les trois mois de la demande d'asile initiale ; la requête doit contenir les données nécessaires à l'État saisi pour statuer sur sa compétence. L'État saisi dispose d'un délai de deux mois pour donner sa réponse, son silence valant acceptation tacite. Si l'État saisi accepte sa responsabilité, cette décision est notifiée au demandeur d'asile en même temps que la décision de transfert. En revanche, en cas de refus de l'État saisi, des discussions complémentaires seront menées avec lui afin de lui faire admettre sa responsabilité ; c'est la France qui traitera la demande en cas d'impossibilité de faire admettre sa responsabilité par l'État saisi.

Lors de l'acceptation par l'État responsable, deux cas se présentent : soit le demandeur accepte un départ volontaire ; il dispose alors en principe d'un délai d'un mois à compter de la notification de l'acceptation de l'État responsable pour se présenter devant lui. Ce délai ne constitue toutefois par un droit et le préfet peut décider de la remise immédiate en cas de refus de coopération. Si, malgré cela, l'étranger ne quitte pas le territoire, il est en situation irrégulière et sera remis à l'État responsable en cas de contrôle. La deuxième hypothèse est celle de l'éloignement forcé du demandeur (art. L. 531-2) avec transfert d'office, éventuellement sous escorte. L'étranger qui tente de se soustraire à l'application de la procédure de réadmission ou qui a pénétré à nouveau sans autorisation sur le territoire s'expose à une peine de six mois à trois ans d'emprisonnement et, le cas échéant, à une interdiction judiciaire du territoire d'une durée maximale de trois ans.

b) Clause de cessation (Convention de Genève)

L'art. L. 741-4-2° prévoit la possibilité de refuser l'admission au séjour pour les étrangers visés par l'article 1er C 5 de la Convention de Genève, c'est-à-dire l'hypothèse dans laquelle les circonstances à la suite desquelles l'étranger a été reconnu réfugié ont disparu, lui permettant ainsi de retourner dans le pays considéré. Il en va de même s'agissant des pays considérés comme sûrs, c'est-à-dire si ces pays veillent au respect des principes de la liberté, de la démocratie et de l'État de droit, ainsi que des droits de l'homme et des libertés fondamentales. La liste de ces pays est fixée par délibération de l'OFPRA publiée au *Journal officiel*.

Il ne s'agit toutefois pas d'une obligation et l'intéressé pourra ainsi, le cas échéant, présenter une demande à l'OFPRA ; celle-ci fera alors l'objet d'un examen selon la procédure prioritaire. Aucune mesure d'éloignement ne pourra recevoir application jusqu'à la décision de l'OFPRA.

2. Ordre public et fraude

Le demandeur d'asile peut faire l'objet d'un refus d'entrée lorsque *sa présence en France constitue une menace grave pour l'ordre public, la sécurité publique ou la sûreté de l'État* (art. L. 741-4-3°). Cette menace sera avérée notamment en cas de signalement de l'intéressé au FPR ou au SIS (cf. *infra*, chap. III). Il en ira de même si l'intéressé est sous le coup d'une mesure d'éloignement (application des dispositions générales de l'art. L. 213-1).

Fera encore l'objet d'une décision de refus d'admission l'étranger dont la demande d'asile repose sur une *fraude délibérée* (fausse identité, demandes multiples) ou constitue un recours abusif aux procédures d'asile (demandes de réexamen dénuées de tout fondement), ou n'est présentée qu'en vue de faire échec à une mesure d'éloignement prononcée ou imminente (art. L. 741-4-4°) ; c'est notamment le cas lorsque l'intéressé est détenu ou en rétention administrative. On constate toutefois que ces motifs semblent relativement vagues et imprécis et pourraient donner un prétexte à un examen au fond de la demande d'asile, alors que ce n'est pas l'objet à ce stade de la procédure.

3. Caractère manifestement infondé de la demande d'asile

Le refus d'entrée peut encore se fonder sur le *caractère manifestement infondé de la demande d'asile* (art. L. 211-1). Cette disposition ne peut s'appliquer que si l'étranger se présente à un point d'entrée où existe une zone d'attente et présente ainsi sa demande d'asile à la frontière. La notion de demande manifestement infondée est relativement floue mais renvoie tout d'abord aux demandes qui sont de toute évidence sans fondement dès lors que le demandeur n'invoque aucun des critères prévus par la Convention de Genève et ne se fonde par exemple que sur des difficultés d'ordre économique ou privé. Par extension, une demande peut encore être considérée comme manifestement infondée lorsque l'intéressé ne fournit aucun élément établissant qu'il aurait des raisons de craindre des persécutions ou lorsque la demande est manifestement dépourvue de toute crédibilité. C'est encore le cas lorsque l'intéressé a déjà obtenu une protection dans un pays tiers ou peut solliciter la protection de ce pays, même si la circonstance que le demandeur ait omis de solliciter la protection des autorités de l'État en cause, n'est pas au nombre de celles dont le ministre de l'Intérieur peut légalement tenir compte pour estimer la demande manifestement infondée.

Par ailleurs, il est relativement fréquent qu'à la suite du rejet de sa demande par l'OFPRA, l'intéressé dépose un nouveau dossier en sollicitant une réouverture de son dossier. Toute nouvelle demande intervenant après le rejet définitif de la première doit être précédée d'une nouvelle demande d'admission au séjour. Il appartient ainsi désormais à l'autorité administrative de « filtrer » les demandes de réouverture.

Le demandeur se verra opposer un refus de séjour lorsque la demande n'est présentée qu'en vue de faire échec à une mesure d'éloignement (présentation de la nouvelle demande à l'occasion de l'interpellation de l'intéressé en situation irrégulière ; présentation de la demande lors de la notification à l'intéressé d'une mesure d'éloignement alors qu'il est en détention ou en rétention administrative) ou en cas de recours abusif aux procédures d'asile (notamment en raison du caractère répétitif des demandes d'asile). Il n'appartient cependant pas aux préfectures d'apprécier l'existence d'éléments nouveaux, qui entraîne la recevabilité de la demande de réouverture à l'OFPRA, ou au contraire leur absence, qui conduit au rejet de la demande pour irrecevabilité. En tout état de cause, la préfecture doit vérifier si la demande de réouverture contient des éléments nouveaux et, en cas de réponse positive, l'intéressé doit pouvoir séjourner en France jusqu'à ce qu'il ait été statué sur sa demande.

En cas de refus d'admission provisoire au séjour, la décision doit être motivée et elle s'accompagne d'une mesure d'éloignement et, éventuellement, du placement en rétention administrative. L'OFPRA examine néanmoins la demande en priorité (délai de 48 heures) ; si la décision est négative, l'autorité administrative met en œuvre sans délai la mesure d'éloignement (pas de délai d'un mois ni de suspension jusqu'à l'éventuelle décision de la CNDA).

Lire aussi :

- F. Julien-Laferrière, "Condition des étrangers en France – Régime administratif des étrangers – Entrée et séjour en France", *J. Cl. International*, Fasc. 524-10.
- X. Vandendriessche, "Étrangers – Entrée en France", *J. Cl. Adm.*, Fasc. 233-55, nov. 2009.

Sur le maintien en zone d'attente :

- F. Julien-Laferrière, "De l'application des accords de Schengen au statut des zones d'attente, chronique d'une loi annoncée", *AJDA*, 1992, p. 656.
- M.-C. Caloz-Tschopp, *Les étrangers aux frontières de l'Europe et le spectre des camps*, éd. La Dispute, 2004.
- F. Julien-Laferrière, "Le statut du mineur étranger retenu en zone d'attente", *D.* 2001. 2773.
- T. Mariani, *Rapport d'information déposé en application de l'article 145 du Règlement par la commission des lois constitutionnelles, de la législation et de l'administration générale de la République sur les centres de rétention administrative et les zones d'attente*, 24 juin 2009.
- D. Sarcelet, La protection du mineur isolé en zone d'attente, *D. 2009. 1793.*
- S. Slama, "Roissy-Paris via Strasbourg : les aléas de la protection juridictionnelle des demandeurs d'asile à la frontière", *AJDA* 2005. 2134.

Sur l'entrée au titre du regroupement familial :

- M. Candela-Soriano, "Droit au regroupement familial et droit au mariage du citoyen de l'Union européenne et des membres de sa famille", *RTDH* 2005, p. 923.
- J.-M. Cortès Martin, "Immigration et regroupement familial dans l'Union européenne : un droit à géométrie variable", *RDUE* 2005, p. 721-759.
- P. Dollat, "Le droit de vivre en famille et le regroupement familial en droit international et européen", *RFDA* 2009. 689.
- GISTI, *Le regroupement familial des étrangers*, Gisti, 2008.
- F. Jault-Seseke F., *Le regroupement familial en droit comparé français et allemand*, thèse pour le doctorat en droit, Université Paris I, 1994.
- F. Julien-Laferrière, "Condition des étrangers en France – Régime administratif des étrangers – Regroupement familial", *J. Cl. International*, Fasc. 524-30.

- H. Labayle, "Le droit des étrangers au regroupement familial, regards croisés du droit interne et du droit européen", *RFDA* 2007, 101.
- Sénat, *Le regroupement familial. Les documents de travail du Sénat*, série Législation comparée, févr. 2006.

Sur l'entrée du demandeur d'asile :

- D. Alland et C. Teitgen-Colly, *Traité du droit de l'asile*, PUF, coll. "Droit fondamental", 2002.
- C. Brice-Delajoux, Droit d'asile : le sauvetage de la protection subsidiaire de l'article L. 712-1 c) du CESEDA : *AJDA 2010. 2354.*
- C.-A. Chassin, *Le droit de l'asile en France*, Thèse Paris II, 2000.
- F. Dieu, L'inconvénient d'être prioritaire : la situation des demandeurs d'asile issus d'un pays d'origine sûr : *JCP A juin 2008 n° 2163.*
- V. Chetail, *Le statut du réfugié en France et au Royaume-Uni*, Thèse Paris II, 2003.
- H. Labayle, Le droit européen de l'asile devant ses juges : précisions ou remise en question ? : *RFDA 2011. 273.*
- A. le Pors, *Le droit de l'asile*, PUF, coll. "Que-sais-je ?", n° 3733, 2005.
- J.P. Marguenaud, Le droit de demander asile à la frontière : *D. 2007. 2789.*

Chapitre II
Le séjour en France

Les règles relatives aux titres de séjour se sont passablement compliquées à la suite des réformes successives du droit des étrangers. S'il existe un certain nombre de dispositions générales, s'agissant notamment des conditions de délivrance et de refus des titres de séjour, c'est bien la diversité qui domine.

La *summa divisio* en la matière était fondée sur la nature juridique du titre de séjour, distinguant ainsi la carte de séjour temporaire (valable seulement un an et ne devant ainsi pas nécessairement conduire à établissement en France) de la carte de résident (valable dix ans et pouvant mener à l'attribution de la nationalité française).

Cette distinction existe toujours mais elle a sensiblement perdu de sa vertu explicative, notamment en raison de l'apparition d'autres catégories de titres, intermédiaires entre la carte de séjour et la carte de résident ; c'est le cas en particulier de la carte de séjour portant la mention « compétences et talents » d'une durée de validité de trois ans et de la carte de séjour portant la mention « retraité » qui permet à son titulaire d'entrer en France à tout moment pour y effectuer des séjours n'excédant pas un an mais qui est valable dix ans et est renouvelée de plein droit. Elle n'ouvre pas droit à l'exercice d'une activité professionnelle. Il ne faut par ailleurs pas perdre de vue que les ressortissants européens et assimilés sont soumis à un régime spécifique.

Bien plus, les titres de séjour (et en particulier la carte de séjour temporaire) font désormais l'objet d'une *spécialisation* en fonction de leur nature. Il existe ainsi diverses catégories de carte de séjour temporaire (visiteur, étudiant, stagiaire, scientifique, profession artistique et culturelle, exercice d'une activité professionnelle, "carte bleue européenne" et vie privée et familiale) qui obéissent à des modes de délivrance différents et n'autorisent que certaines activités. Cette diversité pose en outre de redoutables difficultés en cas de volonté de l'étranger de changer de statut (par ex. l'étudiant qui, une fois son cursus terminé, souhaite une carte lui permettant d'exercer une activité professionnelle).

Le droit applicable aux titres de séjour connaissait enfin une dernière distinction essentielle au regard des modes de délivrance de ces titres puisque, dans certains cas, le titre sera délivré « *de plein droit* » tandis que dans les autres cas, la délivrance sera subordonnée à une *appréciation de l'autorité administrative*. Reste que cette distinction a perdu beaucoup de sa pertinence puisqu'il n'est pas rare que la délivrance de plein droit laisse place à un pouvoir d'appréciation de l'administration. Ainsi par exemple, que signifie la délivrance de plein droit de la carte de séjour « vie privée et familiale » qui nécessite évidemment une appréciation de la réalité de celle-ci ? Dans l'exercice de sa compétence, l'administration aura en effet à apprécier si l'étranger justifie bien de ce droit, cette part de pouvoir d'appréciation étant précisément aux antipodes de la notion de délivrance de plein droit.

On distinguera les règles générales applicables aux différents titres de séjour (section 1) des dispositifs spéciaux mis en œuvre en fonction de la nature du séjour (section 2). On trouvera en annexe 1 des tableaux récapitulatifs de l'ensemble des titres de séjour.

Section 1 Règles générales

L'obligation de détention d'un titre de séjour s'applique en principe à tout étranger âgé de plus de dix-huit ans à l'expiration d'un délai de trois mois depuis son entrée en France ou depuis qu'il a atteint l'âge de dix-huit ans. La demande de titre doit offrir des garanties d'intégration (I) en fonction desquelles sera prise la décision de l'autorité administrative (II).

I – Demande de titre de séjour et garantie d'intégration

La **carte de séjour temporaire** est destinée à deux catégories d'étrangers : soit ceux qui ne souhaitent pas s'implanter définitivement en France et veulent seulement y séjourner plus de 3 mois pour y faire des études, exercer une activité professionnelle ou y résider en qualité de visiteurs, soit ceux qui ne remplissent pas (encore) les conditions pour obtenir une carte de résident. Elle a une durée de validité d'un an et sera en principe renouvelée pour la même durée même si l'art. L. 313-4 a introduit un régime spécifique pour les étudiants admis à suivre une formation en vue de l'obtention d'un diplôme au moins équivalent au grade de master et au titulaire d'une carte de séjour « scientifique-chercheur », en fonction de la durée de ses travaux de recherche. Dans ces deux cas, la carte pourra être renouvelée pour une durée maximale de quatre ans.

À noter que l'art. R. 311-3 prévoit que, pour certaines catégories d'étrangers, les visa de long séjour vaut carte de séjour temporaire.

Instituée par la loi du 17 juillet 1984, la **carte de résident** est valable 10 ans et confère à son titulaire la possibilité d'exercer en France la profession salariée ou non de son choix. Elle est renouvelée de plein droit sauf si son bénéficiaire vit en état de polygamie. Le renouvellement de plein droit n'est pas davantage applicable à l'étranger ayant quitté le territoire français pendant plus de 3 ans consécutifs, sauf s'il a fait une demande de prolongation, soit avant son départ soit pendant son séjour à l'étranger. La prolongation sera accordée pour motif professionnel ou familial, survenance d'événements particuliers, hospitalisation ou service militaire. Il appartient à l'autorité administrative d'apprécier si les motifs avancés justifient la prorogation. Enfin, l'absence de plus de 3 ans n'est pas opposable à l'étranger en raison d'un cas de force majeure. Il convient encore de préciser que la demande de renouvellement doit être présentée dans les deux mois de la péremption de la carte ; à défaut, elle sera traitée comme une première demande.

Enfin, aboutissement « naturel » du parcours d'intégration, la **carte de résident permanent** a été créée par la loi du 20 nov. 2007 et permet à un étranger de résider régulièrement en France et d'exercer une activité professionnelle (art. L. 314-4) sous couvert d'un titre de séjour dont la durée de validité n'est pas limitée. Cette carte ne peut être attribuée qu'à l'expiration d'une carte de résident « simple », que celle-ci ait été délivrée au titre de cinq (art. L. 314-8), ou trois (art. L. 314-9) années de résidence régulière en France ou attribuée de plein droit (art. L. 314-11 et L. 314-12). Les conditions mises à l'attribution de cette carte de résident permanent apparaissent largement superflues puisqu'elles s'adressent à des étrangers déjà installés de longue date sur le territoire français. Seule, la réserve d'ordre public peut avoir une effectivité puisqu'elle ne dépend pas de la durée du séjour. En revanche, l'exclusion de la polygamie semble aller de soi puisque, dans le cas contraire, l'étranger concerné se serait vu retirer sa carte de résident. C'est encore davantage le cas de la condition tenant à l'intégration républicaine : celle-ci aura déjà été vérifiée au moment de l'attribution de la carte de résident et la longueur de la durée du séjour en France de l'étranger laisse présumer de la validation de cette condition. Ceci explique que l'art. R. 314-4 dispense l'étranger de cette obligation lorsque la condition d'intégration a été vérifiée à l'occasion d'une précédente demande de titre de séjour.

A – La demande de carte de séjour

La demande de titre de séjour est présentée par l'intéressé dans les deux mois de son entrée en France ou suivant son dix-huitième anniversaire s'il séjournait déjà en France. Cette demande doit être présentée en principe personnellement par l'intéressé (1), le code fixant la liste des documents qui doivent accompagner la demande (2).

1. Demande présentée personnellement

L'étranger qui demande un titre de séjour est en principe tenu de se présenter en personne au guichet de la préfecture, le Conseil d'État ayant considéré qu'il s'agissait là d'une formalité substantielle. Par suite, une demande de titre présentée par l'intermédiaire d'un avocat ne satisfait pas à cette exigence.

Toutefois, une telle demande présentée irrégulièrement est susceptible de faire naître une décision implicite de rejet et peut faire l'objet d'un recours pour excès de pouvoir. Par ailleurs, le préfet n'est pas en situation de compétence liée pour rejeter la demande de titre de séjour et peut, s'il l'estime justifié, procéder à la régularisation de la situation de l'intéressé.

Reste que l'art. R. 311-1 prévoit que le préfet peut prescrire que la demande soit adressée par voie postale ou, pour les étudiants, déposée auprès des établissements d'enseignement ayant souscrit une convention avec l'État.

Si les dispositions de la loi du 12 avril 2000 sont applicables aux demandes de titre de séjour, l'autorité administrative n'est pas dans l'obligation de mettre à même l'intéressé de présenter des observations écrites dès lors que la demande de titre de séjour est présentée par l'intéressé lui-même.

2. Documents nécessaires

Au-delà des documents relatifs à l'état civil du demandeur et, le cas échéant, à celui du conjoint et des enfants à charge, l'intéressé doit produire les justifications de son entrée régulière en France (sous réserve des cas de dispense prévus à l'art. R. 313-1) ainsi qu'un ***visa de long séjour*** (sauf dispense par accord international).

Le CESEDA prévoit cependant que certaines catégories de demandeur sont dispensées de l'obligation de présenter un visa de long séjour. Ceci concerne tout d'abord les étudiants, stagiaires et lauréats de concours d'entrée dans un établissement d'enseignement supérieur conventionné avec l'État ; sont encore visés les « scientifiques », les apatrides ou les étrangers bénéficiant de la protection subsidiaire.

L'art. L. 313-4-1 prévoit l'attribution automatique de la carte de séjour sans condition de visa de long séjour (« visiteur », « étudiant », « scientifique », « profession artistique et culturelle », exercice d'une activité professionnelle) au bénéfice des étrangers titulaires de la carte de résident de longue durée-CE accordée dans un autre État membre de l'UE qui justifie de ressources stables et suffisantes pour subvenir à ses besoins et, le cas échéant, à ceux de sa famille ainsi que d'une assurance maladie.

La dispense peut encore se fonder sur l'existence de liens familiaux (parent étranger d'enfant malade pour la délivrance de l'APS ; père ou mère d'un enfant français mineur ; bénéficiaire de la carte de séjour « vie privée et familiale » au titre de l'art. L. 313-11-7° ; conjoint d'un étranger titulaire du statut de résident de longue durée-CE dans un autre État membre de l'Union européenne et d'une carte de séjour temporaire).

L'ancienneté de la présence en France constitue un autre des cas de dispense (étranger entre 18 et 19 ans qui justifie par tout moyen avoir résidé habituellement en France avec au moins un de ses parents légitimes, naturels ou adoptifs depuis qu'il a atteint au plus l'âge de treize ans ou confié, depuis qu'il a atteint au plus l'âge de seize ans, au service de l'aide sociale à l'enfance ; étranger né en France – art. L. 313-11-8°).

Enfin, ce sont des considérations « humanitaires » ou liées à l'état de santé qui pourront justifier la dispense : étranger titulaire d'une rente d'accident du travail ou de maladie professionnelle ; étranger malade.

Le Conseil d'État a précisé que le préfet n'est pas en situation de compétence liée dès lors que le visa de trois mois fait défaut ; il lui appartient d'examiner si le refus du titre de séjour fondé sur le défaut de visa de long séjour ne comporte pas des conséquences d'une gravité exceptionnelle sur la situation personnelle de l'intéressé. En tout état de cause, le défaut de visa de long séjour entraînera un refus systématique du titre sollicité dans la mesure où il existe des indices concordants permettant de présumer que l'intéressé est venu en France pour s'y établir durablement ; dans cette hypothèse, le visa de court séjour qui a permis l'entrée sur le territoire national pourra même être abrogé par l'autorité préfectorale ; c'est le cas notamment lorsque l'intéressé présente une demande de titre de séjour quelques jours après son entrée en France avec un visa de court séjour.

Il incombe encore à l'intéressé de produire un ***certificat médical*** attestant qu'il remplit les conditions sanitaires de séjour en France. Le titre de séjour sera refusé lorsque l'étranger est atteint de maladies ou infirmités pouvant mettre en danger la santé (peste, choléra, fièvre jaune et maladies contagieuses en phase évolutive tuberculose, syphilis, etc. ; à noter que l'existence d'une séropositivité ne peut constituer un motif de refus) ainsi que l'ordre ou la sécurité publics (toxicomanie, affections mentales en évolution ou chroniques graves et incompatibles avec la vie sociale, y compris les arriérations mentales profondes). Des dérogations peuvent toutefois être accordées assorties éventuellement d'une obligation de surveillance médico-sociale.

B – La demande de carte de résident

La carte de résident obéit à trois modalités de délivrance : de droit commun (art. L. 314-8), à la condition de justifier de cinq ans de résidence interrompue et régulière en France et de disposer de ressources stables et suffisantes ; dérogatoire quant à la durée de résidence (ramenée à trois ans) pour le conjoint et les enfants dans le cadre de la procédure de regroupement familial, les parents d'enfants français et les conjoints de français (art. L. 314-9) ; de plein droit, l'art. L. 314-11 fixant une liste de huit catégories d'étrangers qui pourront ainsi en bénéficier indépendamment de leur durée de résidence en France.

La loi du 24 juill. 2006 a ajouté une condition générale à la délivrance de la carte de résident : l'intégration républicaine de l'étranger dont les critères d'appréciation sont voisins de ceux qui permettent de mesurer l'assimilation d'un étranger dans le cadre de la procédure de naturalisation.

C'est l'article L. 314-8 qui prévoit les conditions auxquelles est subordonnée la délivrance d'une carte de résident. Eu égard à l'objectif d'intérêt général qu'il s'est assigné, tendant à instituer un statut de résident de longue durée, le législateur a pu exiger que l'obtention de la carte de résident soit soumise à la double condition d'une durée de résidence ininterrompue de cinq ans sur le territoire français et d'une intégration dans la société française.

L'intéressé doit attester de la *régularité de sa situation*, lors de son entrée en France comme au moment de la demande et l'obtention d'une carte de résident est subordonnée à la condition préalable de justifier d'une résidence non interrompue, conforme aux lois et règlements en vigueur, d'au moins *cinq années en France.* Une résidence de plus de cinq ans mais irrégulière n'ouvre donc pas droit à la délivrance d'une carte de résident. De même, un travailleur saisonnier ne remplit pas cette condition car il n'a pas vécu en France de manière ininterrompue, même s'il est venu régulièrement en France.

La décision d'accorder ou de refuser la carte de résident est prise en tenant compte des *moyens d'existence* dont l'étranger peut faire état, parmi lesquels les conditions de son activité professionnelle. Si le demandeur est salarié, l'administration se livre à un examen qui prend en compte la situation de l'emploi et peut apprécier le caractère stable et suffisamment rémunérateur de l'emploi en cause. Ainsi, les étrangers qui sollicitent une carte de résident « de droit commun » doivent joindre à leur demande un contrat ou une promesse de contrat précisant la profession, le salaire offert, la durée du travail et le lieu d'emploi. Dans le cas d'activités non salariées, le préfet évalue les ressources disponibles du demandeur.

En troisième lieu, le préfet se fonde, le cas échéant, sur les faits que le demandeur peut invoquer à l'appui de son *intention de s'établir durablement en France* ; il peut s'agir notamment de liens familiaux, de la réalisation d'achats immobiliers en France ou de la scolarisation des enfants sur le territoire national. D'après les travaux préparatoires à la loi du 26 nov. 2003, cette condition, exigée pour la délivrance de toute carte de résident, « sera appréciée à partir d'un faisceau d'indices tels que la scolarisation, l'apprentissage de la langue, la formation professionnelle, la participation à la vie associative ou encore le suivi du contrat d'accueil et d'intégration ». Un rapprochement est ainsi suggéré avec le critère de l'« assimilation » utilisé en matière d'acquisition de la nationalité. L'art. L. 111-7 du Code de l'action sociale et des familles prévoit que, pour apprécier la condition d'intégration républicaine, il sera tenu compte de la signature et du respect du contrat d'accueil et d'intégration proposé à tout étranger admis pour la première fois au séjour en vue d'une installation durable en France. La loi du 16 juin 2011 a précisé que l'autorité administrative devait “tenir compte” du non respect du contrat (valeurs fondamentales de la République, assiduité et sérieux de l'étranger aux formations civiques et linguistiques et à la réalisation du bilan de compétences) lors du renouvellement de la carte de séjour de l'intéressé.

En tout état de cause, l'autorité administrative dispose ici d'un très large pouvoir d'appréciation puisqu'elle ne sera jamais dans l'obligation, sous réserve d'une erreur manifeste d'appréciation, de délivrer une telle carte de résident, même si les conditions posées sont remplies.

Comme à l'accoutumée, la carte de résident peut être refusée à tout étranger dont la présence constitue une *menace pour l'ordre public.* En cas de refus de délivrance du titre, l'étranger est mis en demeure de quitter le territoire dans un délai maximal d'un mois et il peut faire l'objet d'un arrêté d'expulsion si le refus est fondé sur le motif d'ordre public.

C – Le contrat d'accueil et d'intégration

Élément essentiel du dispositif d'accueil des étrangers en France, le contrat d'accueil et d'intégration concerne les nouveaux arrivants (1) et a pour objet de vérifier leur niveau de connaissance de la langue et des valeurs de la République (2). Le CESEDA fixe par ailleurs sa procédure d'élaboration (3).

1. Bénéficiaires

Aux termes de l'art. L. 311-9, l'étranger admis pour la première fois au séjour en France ou qui entre régulièrement en France entre 16 et 18 ans (hors ressortissants d'un État membre de l'UE ou assimilés) et qui souhaite s'y maintenir durablement, prépare son intégration républicaine dans la société française en concluant avec l'État un contrat d'accueil et d'intégration. Ces dispositions concernent également la délivrance de la carte de résident (art. L. 314-2).

Sont en revanche dispensés de la conclusion du contrat les étrangers n'ayant pas vocation à s'intégrer en France (ex. titulaires des cartes de séjour mention « travailleur saisonnier », « travailleur temporaire » ou « salarié en mission » ou titulaire d'une carte de séjour « vie privée et familiale » délivrée pour raisons de santé) et ceux ayant déjà manifesté une intégration réelle (ex. étranger ayant effectué sa scolarité dans un établissement d'enseignement secondaire français à l'étranger pendant au moins trois ans ; étranger qui a suivi avec succès des études supérieures en France d'une durée au moins égale à une année).

2. Objet du contrat

En signant ce contrat, l'intéressé s'oblige à suivre une formation civique et, lorsque le besoin en est établi, linguistique. Cette dernière est sanctionnée par le diplôme initial de langue française prévu à l'article D. 338-23 du code de l'éducation. Ces formations sont organisées et financées par l'Office français de l'immigration et de l'intégration qui veille à l'assiduité des intéressés.

La formation civique comporte la présentation des institutions françaises et des valeurs de la République, notamment en ce qui concerne l'égalité entre les hommes et les femmes, la laïcité, l'État de droit, les libertés fondamentales, la sûreté des personnes et des biens ainsi que l'exercice de la citoyenneté que permet notamment l'accès obligatoire et gratuit à l'éducation. La participation de l'étranger à cette formation est sanctionnée par une attestation nominative établie par l'Office.

L'étranger bénéficie d'une session d'information sur la vie en France modulée en fonction de ses besoins. Il s'agit d'apporter au signataire des connaissances concernant la vie pratique en France et l'accès aux services publics, notamment la formation et l'emploi, le logement, la santé, la petite enfance et ses modes de garde, l'école et l'orientation scolaire, ainsi que la vie associative.

Le bilan de compétences professionnelles est organisé en vue de permettre aux intéressés de connaître et de valoriser leurs qualifications, expériences et compétences professionnelles dans le cadre d'une recherche d'emploi (il n'est donc pas proposé par exemple aux étrangers scolarisés ou à ceux qui ne sont pas à la recherche d'un emploi notamment parce qu'ils exercent déjà une activité professionnelle). Il s'agit encore de favoriser l'insertion professionnelle des signataires du contrat d'accueil et d'intégration inscrits comme demandeurs d'emploi.

3. Procédure

Le contrat est établi par l'OFII et signé par le préfet qui a accordé le titre de séjour ou par le préfet du lieu de résidence pour les étrangers séjournant en France sous couvert d'un visa pour un séjour d'une durée supérieure à trois mois. Le contrat, avec sa traduction dans une langue que l'intéressé comprend, est présenté par l'OFII à l'étranger au cours d'un entretien individuel.

Le contrat est conclu pour une durée d'un an. Sous réserve que l'étranger ait obtenu le renouvellement de son titre de séjour, le contrat peut être prolongé par le préfet sur proposition de l'Office dans la limite d'une année supplémentaire. La prorogation est de droit et le contrat est renouvelé par tacite reconduction lorsque la formation linguistique prescrite et dûment suivie est en cours d'exécution à l'échéance de la première année du contrat. Le contrat peut également être prolongé lorsque la formation a été différée pour un motif reconnu légitime. La mention, le motif ainsi que la durée de la prorogation sont portés au contrat. La clôture du contrat intervient dans le mois suivant le terme de la durée prescrite de formation, que les compétences linguistiques acquises aient été validées ou non, ou, au plus tard, un jour franc après la date prévue pour la session de l'examen conduisant à la délivrance du diplôme.

Le contrat peut être résilié par le préfet sur proposition de l'Office lorsque celui-ci constate que l'étranger, sans motif légitime, ne participe pas ou plus à une formation prescrite. Le préfet informe l'étranger de son intention de résilier le contrat et le met à même de présenter ses observations dans le délai d'un mois. Il indique les motifs de la résiliation envisagée et en précise les conséquences au regard des dispositions relatives au premier renouvellement de la carte de séjour.

II – La décision de l'autorité administrative

Schématiquement, l'autorité administrative est face à une alternative : délivrer le titre (A) ou le refuser, voire le retirer (B).

A – La délivrance du titre de séjour

Compte tenu de la lourdeur de la procédure, la délivrance du titre de séjour (2) sera précédée de l'attribution d'un récépissé (1) qui, s'il ne régularise pas la situation du demandeur, lui permet de rester en France en situation régulière le temps de l'instruction de sa demande.

1. Récépissé

Il est remis à tout étranger admis à souscrire une demande de première délivrance ou de renouvellement de titre de séjour un récépissé qui autorise la présence de l'intéressé sur le territoire pour la durée qu'il précise mais qui ne peut être inférieure à un mois. Le récépissé peut être renouvelé. C'est l'art. R. 311-6 qui détermine les cas dans lesquels ce récépissé autorise l'étranger à exercer une activité professionnelle.

Le demandeur doit acquitter la taxe spéciale afférente à la délivrance du titre de séjour.

La détention du récépissé autorise la présence de l'étranger en France sans préjuger de la décision définitive qui sera prise au regard de son droit au séjour. Sauf dans les cas expressément prévus par la loi ou les règlements, ces documents n'autorisent pas leurs titulaires à exercer une activité professionnelle. Ils n'ont par ailleurs pas pour effet de régulariser les conditions de l'entrée en France, sauf pour l'étranger qui a été reconnu comme réfugié.

2. Délivrance du titre

La décision préfectorale doit être précédée par l'examen de la situation particulière du requérant. Le juge administratif a par ailleurs précisé que le CESEDA et les textes pris pour son application qui précisent les cas dans lesquels les étrangers présents sur le territoire national ont droit à la délivrance d'un titre de séjour, ne font pas obligation au préfet de refuser un titre de séjour à un étranger qui ne remplit pas l'ensemble des conditions auxquelles est subordonnée sa délivrance de plein droit sauf lorsque les textes l'interdisent expressément ; dans l'exercice du pouvoir discrétionnaire qui lui est ainsi confié, il appartient au préfet d'apprécier, compte tenu de l'ensemble des éléments de la situation personnelle de l'intéressé et des conditions non remplies, l'opportunité d'une mesure de régularisation.

Lorsque le préfet délivre un titre de séjour à un étranger qui ne remplissait pas les conditions pour l'obtenir, il ne peut instruire sa demande de renouvellement comme s'il s'agissait d'une première demande.

B – Le refus et le retrait du titre de séjour

Au-delà même des hypothèses de refus du titre de séjour (1), le CESEDA conditionne les pouvoirs de l'autorité administrative s'agissant des règles applicables en matière de retrait de ces mêmes titres (2).

1. Le refus du titre de séjour

Le refus du titre de séjour, qu'il s'agisse de la carte de séjour temporaire ou de la carte de résident, obéit à des règles de procédure visant, pour l'essentiel, à assurer le respect du principe du contradictoire (a). Le régime contentieux fait désormais une place de plus en plus importante au pouvoir d'injonction du juge administratif et au juge de l'urgence (b). On indiquera enfin les motifs de refus (c).

a) Procédure

La *notification* de la décision de refus de titre doit être régulière ; tel n'est pas le cas d'une notification retournée à l'expéditeur au motif que le destinataire n'habite plus à l'adresse indiquée dès lors que l'intéressé avait indiqué à l'administration sa nouvelle adresse ; s'agissant d'un moyen d'ordre public, il doit être soulevé d'office par le juge. Si une mesure d'éloignement intervient suite à un refus de séjour irrégulièrement notifié, cette mesure est entachée d'illégalité.

Les refus opposés à des demandes de titre de séjour doivent être *motivés*. La décision doit mentionner les voies de recours et les délais applicables ; à défaut, le délai de 2 mois n'est pas opposable au requérant. La motivation doit être complète et ne peut se contenter de faire référence à l'examen approfondi du dossier du demandeur ; par exemple, n'est pas suffisamment motivé le refus fondé sur le fait que « la situation personnelle et professionnelle [du requérant] n'a fait apparaître aucun élément de nature à le faire bénéficier d'un titre de séjour ».

Par ailleurs, les dispositions de la loi du 12 avril 2000 sont applicables à une telle décision de refus ; toutefois, dès lors que la demande de titre de séjour est présentée par l'intéressé lui-même, l'autorité administrative n'est pas dans l'obligation de mettre à même l'intéressé de présenter des observations écrites.

En tout état de cause, le refus de titre de séjour doit toujours être précédé de l'examen de la situation particulière du requérant de nature à déterminer notamment si la décision ne porte pas une atteinte disproportionnée au droit de l'intéressé à mener une vie familiale normale.

L'art. L. 312-2 prévoit la consultation obligatoire de la « *commission du titre de séjour* » lorsque le préfet envisage de refuser de délivrer ou de renouveler la carte de séjour « vie privée et familiale » de plein droit (art. L. 313-11) ; la carte de séjour « vie privée et familiale » ou « salarié » attribuée pour considérations humanitaires ou motifs exceptionnels (art. L. 313-14) ; la carte de résident de plein droit (art. L. 314-11 et L. 314-12). La Commission doit également être saisie en cas de retrait du titre de séjour d'un étranger qui a fait venir son conjoint ou ses enfants en dehors de la procédure du regroupement familial (art. L. 431-3).

L'art. R. 312-2 prévoit que, dans tous les cas, il convient que l'étranger remplisse effectivement les conditions qui président à la délivrance de ces titres. Si cette précision peut se comprendre comme voulant éviter un allongement indu de la procédure de refus ou de retrait du titre de séjour, elle conduit néanmoins à une certaine indétermination dès lors qu'un doute existe sur l'appartenance effective de l'étranger concerné à l'une des catégories ci-dessus mentionnées. Si l'intéressé n'en apporte pas la preuve ou si les éléments présentés semblent insuffisants à l'autorité administrative, celle-ci ne sera pas dans l'obligation de saisir la Commission. Mais c'est alors le juge administratif qui sera éventuellement saisi de la question dans le cadre du recours formé contre le refus de délivrance ou de renouvellement du titre ou contre l'OQTF. Si son appréciation diverge de celle de l'autorité administrative, il sera conduit à annuler la décision comme prise suite à une procédure irrégulière. La jurisprudence en la matière a fait preuve d'une grande prudence, indiquant qu'en cas de doute, il incombait au préfet de saisir la Commission sauf s'il est en mesure d'apporter la preuve que l'étranger concerné n'appartient à aucune des catégories pour lesquelles l'obligation de saisine est prévue.

Quoi qu'il en soit, l'autorité préfectorale ne sera pas liée par l'avis rendu.

b) Régime contentieux

Au-delà des règles applicables au contentieux de l'obligation de quitter le territoire (V. *infra* Chap. IV), le refus du titre de séjour peut faire l'objet des *recours de droit commun*, les recours administratifs ne conservant le délai du recours contentieux que s'ils ont été formés dans le délai de deux mois de la décision. La compétence pour statuer relèvera toujours de la juridiction administrative dans la mesure où un refus de séjour est insusceptible de constituer une voie de fait.

Le juge n'exerce qu'un contrôle restreint dès lors que l'administration dispose d'un pouvoir d'appréciation. En revanche, pour les ressortissants européens, le refus de titre de séjour sera soumis au contrôle normal en raison de l'existence d'un véritable droit au séjour en France.

Si le juge prononce l'annulation du refus, cela ne vaut évidemment pas délivrance du titre ; il appartiendra en principe à l'étranger de former une nouvelle demande. Toutefois, le contentieux en cette matière a été assez sensiblement rénové par la mise en œuvre du pouvoir d'injonction du juge administratif.

L'article L. 911-1 CJA prévoit que, lorsqu'un jugement ou un arrêt implique nécessairement que l'autorité compétente prenne une mesure d'exécution dans un sens déterminé, le juge, saisi de conclusions en ce sens, prescrit, dans le même jugement ou arrêt, cette mesure, assortie le cas échéant d'un délai. L'article L. 911-3 prévoit la possibilité d'y ajouter une astreinte. En pratique, dès lors que l'annulation du refus de titre de séjour est fondée sur un seul *motif de fond erroné* et que l'étranger remplit toutes les conditions pour obtenir un titre de séjour, le juge n'hésite pas à enjoindre au préfet d'accorder le titre sollicité en lui fixant un délai. C'est le cas tout particulièrement lorsque l'annulation de la délivrance du titre de séjour est fondée sur la *violation de l'article 8 Conv. EDH.*

Cette solution ne s'applique toutefois que dans la mesure où la situation du requérant ne s'est pas modifiée depuis la décision d'annulation. Le juge réserve en effet la possibilité de *l'apparition de circonstances nouvelles* (par exemple en cas de modifications substantielles intervenues dans la vie familiale de l'intéressé) ou d'une menace à l'ordre public avérée postérieurement à la décision annulée et suffisamment grave.

L'article L. 911-2 CJA prévoit que lorsqu'un jugement ou arrêt implique nécessairement qu'une nouvelle décision soit prise après une nouvelle instruction, le juge, saisi de conclusions en ce sens, prescrit, dans le même jugement ou arrêt, que cette nouvelle décision doit intervenir dans un délai déterminé. Cette situation se rencontre en premier lieu lorsqu'un changement de circonstances a été constaté. C'est encore le cas dès lors que l'annulation contentieuse ne place pas l'administration dans une situation de *compétence liée* (par exemple lorsque l'administration s'est fondée sur des faits inexacts pour refuser un titre de séjour ou lorsque l'annulation était fondée sur la violation de règles de procédure).

Le recours n'a pas d'effet suspensif mais l'étranger peut l'assortir d'une demande de *référé-suspension*. Celui-ci sera accordé en cas d'urgence et lorsqu'il est fait état d'un moyen propre à créer un doute sérieux quant à la légalité de la décision. La condition d'urgence s'apprécie *in concreto*, compte tenu de l'incidence immédiate du refus du titre sur la situation de l'intéressé. L'urgence est constituée dès lors que la décision administrative aboutit à changer la situation juridique de l'intéressé en faisant de lui un étranger en situation irrégulière. Par suite, il n'y aura en principe aucune urgence s'agissant d'un refus de première délivrance de titre de séjour ou d'un refus de régularisation. L'appel formé contre un jugement refusant de faire droit à une demande de référé-suspension devient évidemment sans objet si le juge a statué au fond dans le délai.

On mentionnera enfin que la procédure du référé-liberté (art. L. 521-2 CJA) est applicable aux refus de titre de séjour, le juge de l'urgence pouvant ordonner toute mesure nécessaire en cas d'atteinte grave et manifestement illégale à une liberté fondamentale. Constitue notamment une telle liberté fondamentale le droit de mener une vie familiale normale, le droit de ne pas subir de traitements inhumains ou dégradants ou le droit d'asile.

c) Motifs de refus

L'art. L. 313-3 prévoit que la carte de séjour temporaire peut être refusée à tout étranger dont la présence en France constitue une menace pour l'ordre public. Jusqu'en 2003, le juge n'exerçait qu'un contrôle restreint sur un refus fondé sur un tel motif. Il considère désormais qu'il lui appartient de rechercher si les faits invoqués par l'administration sont de nature à justifier légalement sa décision.

L'existence de condamnations pénales conduit fréquemment le juge à valider le recours à la réserve d'ordre public. En particulier, lorsque l'étranger a fait l'objet d'une interdiction judiciaire du territoire, l'autorité administrative doit rejeter la demande de titre de séjour. La réserve d'ordre public peut également être opposée en l'absence de toute condamnation pénale. A ainsi par exemple été considéré comme justifié un refus fondé sur le fait que le requérant, responsable de culte islamique, incitait les fidèles à soutenir les mouvements islamistes intégristes et tenait des propos discriminatoires à l'égard des autres religions.

Révèle en revanche une erreur manifeste d'appréciation un refus fondé sur des faits anciens, sur le simple engagement d'une procédure judiciaire alors que les faits qui la justifient ne sont ni établis ni qualifiés sur le plan pénal ou sur des condamnations à des peines très courtes révélant des infractions mineures.

Quoi qu'il en soit, la délivrance du titre de séjour sera refusée en présence de manœuvres frauduleuses et le silence gardé pendant plus de quatre mois sur les demandes de titres de séjour vaut décision implicite de rejet. En cas de refus de délivrance de tout titre de séjour, l'étranger est tenu de quitter le territoire français.

2. Le retrait du titre de séjour

Les art. R. 311-14 et R. 311-15 prévoient que le retrait du titre de séjour est obligatoire ou facultatif.

Le **retrait obligatoire** concerne des hypothèses de fraude à la loi (regroupement familial frauduleux, polygamie) d'absence de l'étranger (art. R. 311-14, 3° et 4°) et de menace à l'ordre public (étranger sous le coup d'un arrêté d'expulsion, d'une mesure d'interdiction du territoire ou d'une condamnation pour violences sur mineur ayant entraîné une mutilation ou une infirmité permanente).

Le **retrait facultatif** de la carte de séjour ou de la carte « compétences et talents » (art. R. 311-15-I) interviendra lorsque l'étranger est passible de poursuites pénales pour certaines infractions (cession ou offre illicite de stupéfiants ; traite des êtres humains, proxénétisme, exploitation de la mendicité ; vol commis dans un véhicule affecté au transport collectif de voyageurs ; demande de fonds sous contrainte). Il en ira de même si l'étranger a occupé illégalement un travailleur étranger ou a exercé une activité salariée ou non salariée sans autorisation.

Le retrait pourra encore intervenir pour le titulaire d'une carte de séjour « étudiant » qui ne respecte pas la limite de la durée de travail annuelle maximale de 60 %, pour l'étranger autorisé à séjourner en France au titre du regroupement familial qui n'est plus en situation de vie commune avec le conjoint qu'il est venu rejoindre dans les trois ans qui suivent la délivrance du titre de séjour (sauf dans les cas mentionnés à l'article L. 431-2) et pour l'étranger qui a fait venir son conjoint ou ses enfants en dehors de la procédure de regroupement familial (sauf les étrangers protégés contre l'éloignement et les titulaires de la carte de résident portant la mention « résident de longue durée-CE »).

Le retrait de la carte de résident pourra s'appliquer à l'étranger ayant mis fin à sa vie commune avec un ressortissant français dans les quatre années qui suivent la célébration du mariage (sauf dans les cas mentionnés à l'article L. 314-5-1), ayant occupé illégalement un travailleur étranger ou s'étant vu retirer son autorisation de travail au motif qu'il ne s'est pas conformé à l'obligation de produire le certificat médical prévu par l'art. L. 5221-5 C. trav. Il en ira de même pour l'étranger, titulaire de la carte de résident de longue durée-CE dans un autre État membre, autorisé à séjourner en France qui exerce dans les douze mois qui suivent la délivrance de la carte de séjour temporaire des activités salariées autres que celles pour lesquelles il s'est vu accorder son droit au séjour en France.

Enfin, l'art. R. 311-15-II prévoit les hypothèses de retrait de la carte de résident et de son remplacement de plein droit par une carte de séjour temporaire : étranger « inexpulsable » (art. L. 521-2 ou L. 521-3) qui a été condamné de manière définitive pour menace et actes d'intimidation commis contre les personnes exerçant une fonction publique, soustraction et détournement de biens contenus dans un dépôt public, outrage adressé à une personne chargée d'une mission de service public, outrage public à l'hymne national ou au drapeau tricolore ou rébellion. Le même régime s'applique à l'étranger, titulaire de la carte « résident de longue durée-CE » accordée par la France dont la présence en France constitue une menace grave pour l'ordre public, mais qui ne peut faire l'objet d'une mesure d'expulsion (art. L. 521-2 ou L. 521-3).

Section 2
La prise en compte des motifs du séjour

La caractéristique principale des titres de séjour repose actuellement sur leur spécialisation. Dans une première série d'hypothèses, le titre de séjour qui sera délivré dépend de l'appartenance de l'étranger à une catégorie objective et individualisée telle que travailleur salarié, étudiant, scientifique, etc., ceci répondant aux hypothèses de délivrance « de droit commun » (I). Dans un deuxième cas, le titre sera fonction de la situation personnelle et familiale de l'intéressé (II).

I – Titres de séjour de droit commun

Le législateur a favorisé une certaine parcellisation des titres de séjour en fonction de la catégorie à laquelle appartient le demandeur. Il est aujourd'hui possible d'en déterminer quatre : l'étranger veut séjourner en France pour y rendre visite à sa famille ou à des personnes installées en France (A), y faire des études ou y suivre un stage (B), y exercer une activité professionnelle en tant que scientifique, intérimaire, travailleur saisonnier, emploi salarié ou non salarié, titulaire de la "carte bleue européenne" (C) ou enfin pour y jouir de ses droits à la retraite (D).

Dans tous ces cas de figure, l'attribution du titre de séjour pourrait ne reposer que sur une certaine automaticité, à savoir la reconnaissance de l'appartenance de l'étranger à la catégorie concernée. Le CESEDA fixe toutefois, pour chacune de ces catégories, des critères qui laissent toujours une certaine place au pouvoir d'appréciation de l'autorité administrative, indépendamment même du pouvoir quasi discrétionnaire dont elle dispose pour autoriser l'entrée en France.

A – Visiteur

La carte de séjour temporaire délivrée à l'étranger qui apporte la preuve qu'il peut vivre de ses seules ressources et qui prend l'engagement de n'exercer en France aucune activité professionnelle soumise à autorisation porte la mention « visiteur ».

L'étranger doit justifier de *moyens d'existence* suffisants (attestation bancaire ou caution de personnes solvables) et tous les revenus sont pris en compte, y compris des aides financières fournies par des membres de la famille ou les allocations familiales et indemnités de chômage. Il va de soi enfin que des ressources tirées d'une activité salariée sont incompatibles avec la délivrance d'un titre portant la mention « visiteur ». L'administration et le juge exerceront un contrôle du caractère suffisant des ressources en prenant en compte l'ensemble des paramètres (nombre de personnes concernées, bénéfice éventuel de la gratuité du logement, prise en compte de l'aide de tiers, etc.). On signalera enfin que lorsque le demandeur justifie seulement de la disposition d'un capital, la demande est en principe rejetée. Toutefois, le juge prend en compte l'importance du capital disponible afin d'évaluer s'il permet au requérant d'en vivre pendant la durée du séjour en France.

B – Étudiant et stagiaire

Hors les cas où elle est délivrée « de plein droit » (cf. *infra*), la carte de séjour temporaire mention « Étudiant » est subordonnée à trois conditions principales (art. R. 313-7). En premier lieu, le futur étudiant doit, *a minima*, **être entré régulièrement en France**. La production d'un visa d'établissement est en principe exigée, sous réserve de nécessités liées au déroulement des études, quand l'étranger a suivi une scolarité en France depuis l'âge de 16 ans au moins (art. L. 311-7) ou quand il a satisfait aux épreuves d'un concours d'entrée dans un établissement d'enseignement supérieur ayant passé une convention avec l'État (art. L. 313-7-II-2° et R. 313-8) : un visa spécifique d'une durée inférieure ou égale à trois mois portant la mention « étudiant-concours » lui sera délivré.

En deuxième lieu, il doit apporter la preuve qu'il dispose de **moyens d'existence suffisants**, laquelle peut résulter de l'exercice d'une activité professionnelle, dans la limite toutefois de 60 % de la durée annuelle de travail. Le décret du 11 mai 2007 prévoit ainsi que les étudiants désirant travailler ne sont plus soumis à l'obligation d'obtenir une autorisation provisoire de travail ; la carte de séjour « étudiant » ouvre droit à l'exercice de toute activité professionnelle sur l'ensemble du territoire pour une durée annuelle maximale de 964 heures. Concrètement, le niveau de ressources exigé doit être au minimum de 70 % du montant de l'allocation d'entretien mensuelle de base versée aux boursiers du gouvernement français.

Enfin, l'intéressé doit produire un certificat d'immatriculation, d'inscription ou de pré-inscription dans un **établissement public ou privé d'enseignement** ou de formation initiale ou de formation professionnelle ; la qualité de futur étudiant peut encore être attestée par la production d'une attestation justifiant que l'intéressé est bénéficiaire d'un programme de coopération de l'Union européenne dans les domaines de l'éducation, de la formation et de la jeunesse (art. R. 313-7-2°).

Le renouvellement éventuel de la carte de séjour laisse enfin place à une plus grande marge de manœuvre au bénéfice de l'autorité administrative qui devra apprécier la **réalité des études** en utilisant les critères suivants (V. circulaire du 7 oct. 2008) : assiduité et présence aux examens, obtention de la licence en principe en 5 ans maximum, ne pas échouer successivement à trois reprises pour valider une année d'études sauf motif sérieux (santé, évènement familial), apprécier les changements d'orientation au regard du projet professionnel et appréhender avec rigueur un second changement d'orientation vers une discipline ne présentant aucun lien avec la filière initialement choisie. Cette circulaire synthétise la jurisprudence antérieure du juge administratif.

À noter qu'aux termes de l'art. L. 311-11, une *autorisation provisoire de séjour* d'une durée de validité de six mois non renouvelable est délivrée à l'étranger qui, ayant achevé avec succès, dans un établissement d'enseignement supérieur habilité au plan national, un *cycle de formation conduisant à un diplôme au moins équivalent au master*, souhaite, dans la perspective de son retour dans son pays d'origine, compléter sa formation par une première expérience professionnelle participant directement ou indirectement au développement économique de la France et du pays dont il a la nationalité. La demande doit être formulée dans les quatre mois précédant l'expiration de la carte de séjour « étudiant » (sur la liste des pièces exigées, V. art. R. 311-35).

Pendant la durée de cette autorisation, son titulaire est autorisé à chercher et, le cas échéant, à exercer un emploi en relation avec sa formation. À l'issue de cette période de six mois, l'intéressé pourvu d'un emploi ou titulaire d'une promesse d'embauche est autorisé à séjourner en France pour l'exercice de l'activité professionnelle correspondant à l'emploi considéré sans que lui soit opposable la situation de l'emploi.

On signalera enfin que l'étranger né en France qui justifie par tout moyen y avoir résidé pendant au moins huit ans de façon continue et suivi, après l'âge de 10 ans, une scolarité d'au moins cinq ans dans un établissement scolaire français, qui en fait la demande entre 16 et 21 ans, se verra attribuer de plein droit une carte de séjour « vie privée et familiale » (art. L. 313-11). L'art. L. 313-7-1 prévoit que la carte de séjour temporaire accordée à l'étranger qui établit qu'il suit en France un **stage** dans le cadre d'une convention de stage visée par l'autorité administrative compétente et qu'il dispose de moyens d'existence suffisants porte la mention « stagiaire ». En cas de nécessité liée au déroulement du stage, et sous réserve d'une entrée régulière en France, l'autorité administrative peut accorder cette carte de séjour sans que la condition de visa soit exigée.

C – Exercice d'une activité professionnelle

Au-delà du cas de l'étranger qui souhaite effectuer une *mission de volontariat en France* auprès d'une fondation ou d'une association reconnue d'utilité publique (délivrance d'une APS, art. L. 311-10), on constate qu'au cours des dernières années, la liste des titres de séjour visant les personnes exerçant une activité professionnelle s'est substantiellement enrichie, au point de devenir un inventaire à la Prévert.

1. Scientifique-chercheur (art. L. 313-8)

Cette carte de séjour est délivrée à l'étranger aux fins de mener des travaux de recherche ou de dispenser un enseignement de niveau universitaire dans le cadre d'une convention d'accueil signée avec un organisme public ou privé ayant une mission de recherche ou d'enseignement supérieur. La convention dispense son titulaire d'obtenir une autorisation de travail (ou de produire un contrat de travail visé par la DDTEFP). Le demandeur doit également en principe fournir le visa de long séjour.

Il s'agit de faciliter les échanges scientifiques ; les membres de la famille des étrangers concernés recevront également de plein droit une telle carte de séjour temporaire. Les personnes concernées sont donc désormais dispensées de l'obligation d'obtention d'une autorisation de travail et la circulaire d'application prévoit un système de procédure accélérée et simplifiée ; la condition d'entrée régulière reste toutefois exigée. On relèvera toutefois que les étudiants réalisant des recherches (ex. doctorants) ne sont pas concernés par ces dispositions.

2. Profession artistique et culturelle (art. L. 313-9)

L'artiste interprète (tel que défini par l'article L. 212-1 du code de la propriété intellectuelle) ou l'auteur d'œuvre littéraire ou artistique (art. L. 112-2 du même code) se voit délivrer cette carte de séjour s'il est titulaire d'un contrat de plus de trois mois passé avec une entreprise ou un établissement dont l'activité principale comporte la création ou l'exploitation d'une œuvre de l'esprit. Il s'agit ici de favoriser les échanges culturels, les intéressés étant dispensés de l'autorisation de travail.

3. « Compétences et talents »

Cette carte de séjour peut être accordée à l'étranger susceptible de participer, du fait de ses compétences et de ses talents, au rayonnement scientifique de la France et du pays dont il a la nationalité (art. L. 315-1). Elle est accordée pour trois ans.

Les préfectures sont encouragées à mener une véritable campagne de promotion de la carte « compétences et talents » en incitant les demandeurs (salariés, étudiants) à s'orienter vers ce titre dès lors qu'ils semblent en remplir les conditions de délivrance. S'agissant des étudiants, ce sont ceux qui sont inscrits en dernière année de master ou de doctorat qui constituent la « cible » prioritaire.

Les titulaires de la carte de séjour « scientifique » sont également des destinataires potentiels de la carte « compétences et talents » s'ils sont porteurs d'un projet de recherche dont la durée de réalisation est susceptible de s'étendre sur plusieurs années.

Cette carte ne peut être délivrée qu'à l'étranger résidant hors de France ou résidant régulièrement en France ; la décision être prise soit par l'ambassadeur, soit par le préfet du département du lieu de résidence. Les membres de la famille ne sont pas soumis à la procédure de regroupement familial ; ils se voient attribuer la carte de séjour « vie privée et familiale » qui les autorise à travailler.

4. Carte bleue européenne

C'est la loi du 16 juin 2011 qui a procédé à la transposition de la directive n° 2009/50/CE du Conseil du 25 mai 2009 qui visait à améliorer la capacité des États membres de l'UE à attirer et à conserver la main d'œuvre hautement qualifiée provenant de pays tiers.

Outre le fait que le demandeur doit être entré régulièrement en France, il doit disposer d'un contrat de travail ou d'une promesse d'embauche ferme pour un emploi hautement qualifié d'une durée d'au moins un an dont la rémunération est au moins égale à 1,5 fois le salaire brut moyen annuel et justifier d'un niveau de diplôme d'au moins trois années après le baccalauréat ou de cinq années d'expérience sur un poste hautement qualifié dans le même secteur professionnel. La durée de validité de la carte bleue européenne est liée à celle du contrat de travail mais ne peut excéder trois ans renouvelables.

S'agissant des conditions de séjour et de travail des membres de la famille, le législateur a souhaité mettre en place un dispositif attractif, écartant la procédure du regroupement familial au profit de celle de "famille accompagnante". Le conjoint et les enfants devenus majeurs peuvent obtenir le renouvellement de plein droit de leur carte de séjour, indépendamment de la situation du titulaire de la carte bleue européenne, à la condition de justifier d'une résidence de cinq ans en France.

5. Emploi salarié

L'art. L. 5221-2 C. trav. prévoit que l'entrée en France du travailleur salarié est subordonnée à la production d'un contrat de travail (sur le type de contrat, V. art. R. 5221-6 C. trav.) visé par l'autorité administrative ou d'une **autorisation de travail**. L'art. R. 5221-1 y ajoute un certificat médical mais seulement pour les étrangers non ressortissants d'un État membre de l'UE ou assimilés.

Selon l'art. R. 5221-6 C. trav., le contrat d'apprentissage, le contrat initiative emploi, le contrat d'avenir, le contrat insertion revenu minimum d'activité, le contrat de travail ou de mission d'insertion par l'activité économique, le contrat d'insertion dans la vie sociale et le contrat de professionnalisation ne permettent pas la délivrance d'une des autorisations de travail.

L'autorisation de travail peut prendre la forme d'un titre de séjour (ou d'un récépissé de première demande ou de renouvellement) qui autorise l'étranger à travailler (carte de résident et certificat de résidence algérien, carte de séjour « compétences et talents », « étudiant », « scientifique », « profession artistique et culturelle », « travailleur saisonnier », « salarié en mission », « vie privée et familiale », carte de séjour Communauté européenne portant la mention : toutes activités professionnelles). Il en va de même de la carte de séjour temporaire portant la mention salarié, délivrée sur présentation d'un contrat de travail d'une durée égale ou supérieure à douze mois conclu avec un employeur établi en France (même solution pour la carte mention « travailleur temporaire », accompagnée d'un contrat de travail d'une durée inférieure à douze mois). L'autorisation de travail peut même prendre la forme du visa de long séjour mention étudiant (art. R. 311-3-6°), du visa pour un séjour d'une durée supérieure à trois mois accordé au travailleur temporaire (art. R. 311-3-7°) ainsi que du visa délivré au conjoint de français (art. R. 311-3-4°), dès lors qu'ils mentionnent expressément la possibilité d'exercer une activité professionnelle.

La carte « **salarié en mission** » (V. art. R. 5221-30 et R. 5221-31 C. trav.) est destinée à un étranger salarié d'une entreprise établie à l'étranger qui est détaché en France dans un établissement ou une entreprise du même groupe. Le salarié doit justifier d'une antériorité d'emploi effectif dans son entreprise d'au moins trois mois et démontrer qu'il possède une qualification et une technicité particulières ; sa rémunération doit être équivalente à au moins 1,5 fois le SMIC. La situation de l'emploi n'est pas opposable à sa demande. Les membres de la famille se voient délivrer de plein droit la carte « vie privée et familiale » (qui les autorise à travailler).

La carte « **travailleur saisonnier** » (V. art. R. 5221-23 à R. 5221-25 C. trav.) concerne le salarié titulaire d'un contrat de travail saisonnier d'une durée supérieure à 3 mois qui s'engage à maintenir sa résidence habituelle hors de France. Cette carte vaut autorisation de travail dans la zone géographique déterminée et elle permet, pendant 3 ans, d'entrer en France pour y effectuer des travaux saisonniers pour une durée maximale de 6 mois sur 12 mois consécutifs. Cette carte n'ouvre pas droit au regroupement familial et le principe d'opposabilité de la situation de l'emploi est applicable.

En dehors de la détention d'un titre de séjour permettant l'exercice d'une activité salariée, l'autorisation de travail est délivrée par la DDTEFP qui peut aussi viser favorablement le contrat de travail présenté par le demandeur. C'est l'art. R. 5221-20 qui énumère les critères de délivrance de l'autorisation provisoire de travail.

L'autorisation de travail permet à l'étranger d'exercer l'activité professionnelle salariée qu'elle mentionne, sous réserve de la justification des conditions d'exercice de cette activité lorsqu'elle est soumise à une réglementation particulière comme par ex. les professions de santé ou les avocats et experts-comptables.

C'est à l'employeur de solliciter l'entrée en France du salarié auprès de la DDTEFP qui vérifie notamment la reconnaissance des qualifications et expériences de l'intéressé et l'adéquation de celles-ci avec l'emploi proposé. Elle opposera la situation de l'emploi lorsque celle-ci est applicable.

Aux termes de l'art R. 5221-32 C. trav., le renouvellement d'une autorisation de travail est sollicité dans le courant des deux mois précédant son expiration. L'autorisation de travail est renouvelée dans la limite de la durée du contrat de travail restant à courir ou de la mission restant à accomplir en France. Toutefois, lorsque l'étranger se trouve involontairement privé d'emploi à la date de la première demande de renouvellement, la validité de l'autorisation de travail est prorogée d'un an. Si, au terme de cette période de prorogation, l'étranger est toujours privé d'emploi, il est statué sur sa demande compte tenu de ses droits au regard du régime d'indemnisation des travailleurs involontairement privés d'emploi (sur l'inscription sur la liste des demandeurs d'emploi, V. art. R. 5221-47 s. C. trav.).

L'art. L. 5221-3 C. trav. ajoute que l'étranger qui souhaite entrer en France en vue d'y exercer une profession salariée et qui manifeste la volonté de s'y installer durablement atteste d'une **connaissance suffisante de la langue française** sanctionnée par une validation des acquis de l'expérience ou s'engage à l'acquérir après son installation en France.

6. Emploi non salarié

Depuis la loi du 24 juill. 2006, la carte d'identité pour les commerçants étrangers a disparu et le code de commerce (art. L. 122-1 et L. 122-1) ne régit plus désormais que les étrangers qui, sans résider en France, y exercent une profession commerciale, industrielle ou artisanale, dans des conditions rendant nécessaire leur inscription ou leur mention au registre du commerce et des sociétés ou au répertoire des métiers.

Selon l'art. R. 313-16-1, l'étranger qui envisage de créer une activité ou une entreprise doit présenter à l'appui de sa demande les justificatifs permettant d'évaluer la viabilité économique du projet. S'il envisage de participer à une activité ou une entreprise existante, il doit présenter les justificatifs permettant de s'assurer de son effectivité et d'apprécier la capacité de cette activité ou de cette société à lui procurer des ressources au moins équivalentes au salaire minimum de croissance correspondant à un emploi à temps plein. Dans tous les cas, l'étranger doit justifier qu'il respecte la réglementation en vigueur dans le domaine d'activité en cause.

Lorsqu'il s'agit d'un projet tendant à la création d'une activité ou d'une entreprise, l'autorité diplomatique ou consulaire ou le préfet compétent saisit pour avis le trésorier-payeur général du département dans lequel l'étranger souhaite réaliser son projet ; ce dernier rend son avis dans le délai d'un mois.

Quoi qu'il en soit, lors de la demande de délivrance ou de renouvellement de la carte de séjour, le préfet vérifie la compatibilité de l'activité en cause avec la sécurité, la salubrité et la tranquillité publiques ainsi que, le cas échéant, l'absence de condamnation ou de décision emportant en France, l'interdiction d'exercer une activité commerciale.

D – Carte de séjour portant la mention « retraité »

La carte de séjour portant la mention « retraité », issue de la loi n° 98-349 du 11 mai 1998, constitue bien davantage une sorte de visa permanent qu'un véritable titre de séjour ; en effet, cette carte n'autorise pas son titulaire à séjourner de manière durable en France puisque les séjours sont limités à une année, et exclut l'exercice d'une activité professionnelle. En réalité, en instituant cette carte, le législateur a entendu répondre au cas d'étrangers souhaitant résider dans leur pays d'origine tout en revenant périodiquement en France afin de rendre visite aux membres de leurs familles, sans être contraints de solliciter systématiquement un visa d'entrée sur le territoire français.

II – Titres de séjour de « plein droit »

La délivrance de plein droit de la carte de séjour mention « vie privée ou familiale » ou de la carte de résident obéit à un certain nombre de principes qui en atténuent assez sensiblement l'automaticité (A), l'évolution législative ayant progressivement compliqué la liste des bénéficiaires (B).

A – Principes

L'attribution de la *carte de séjour « vie privée et familiale »* constitue, pour l'essentiel, la traduction en droit français des stipulations de l'art. 8 Conv. EDH. Les dispositions de l'art. L. 313-11 doivent être comparées aux modalités d'attribution de plein droit de la carte de résident (art. L. 314-11), les catégories de bénéficiaires étant souvent similaires.

L'art. L. 313-11 énumère onze catégories de personnes qui bénéficient de la délivrance « de plein droit » de ce titre de séjour, sous la seule réserve générale de la menace à l'ordre public. Si, dans la plupart des cas, il appartiendra ainsi au demandeur d'apporter la preuve qu'il entre objectivement dans telle ou telle catégorie, toute marge d'appréciation au profit de l'administration n'a pas disparu. En effet, dans un certain nombre de cas, les catégories sont définies de manière tellement vague que l'administration se trouve bénéficier à nouveau d'une assez grande marge de manœuvre. Deux hypothèses peuvent ainsi se rencontrer : soit l'étranger appartient à une catégorie purement objective (ex. : mineur entré en France au titre du regroupement familial) et la délivrance de plein droit du titre ne sera subordonnée qu'à la preuve de cette appartenance ; soit l'intéressé soutient appartenir à telle ou telle catégorie dont la définition laisse place à une appréciation plus subjective (ex. : notion d'enfant à charge de ses parents ; appréciation de l'intensité des liens familiaux et personnels en France).

La *réserve d'ordre public* reste justifiée par le fait que les étrangers ne disposent d'aucun droit de caractère général et absolu d'accès et de séjour sur le territoire national. Ainsi, avant de délivrer un titre de séjour, les services préfectoraux doivent consulter le fichier des personnes recherchées et, le cas échéant, effectuer des enquêtes de police. Si l'étranger est *signalé au* Système d'information Schengen, il convient de consulter la partie signalante et, en principe, le titre de séjour ne sera pas délivré sauf motifs sérieux, d'ordre humanitaire (ex. : maladie grave) ou résultant d'obligations internationales (par ex. la Conv. EDH). Le juge valide ainsi notamment des refus de titre de séjour fondés sur des condamnations pénales révélant la dangerosité de l'individu. Les faits invoqués par l'autorité administrative ne doivent *pas être trop anciens* et être *suffisamment graves*. Dans le même esprit, la délivrance de plein droit ne concernera pas l'étranger qui vit en France en état de polygamie (à l'exclusion par conséquent des étrangers monogames mais mariés sous un régime polygamique). Il incombe ainsi au demandeur ressortissant d'un État qui autorise la polygamie de produire une déclaration sur l'honneur selon laquelle il ne vit pas en France en état de polygamie.

Quant à l'attribution de plein droit de la carte de résident, c'est l'art. L. 314-11 qui en fixe la liste des huit catégories de bénéficiaires et les réserves tirées de l'ordre public et de la régularité du séjour.

Ainsi, selon les cas, l'étranger devra ou non apporter la preuve de l'entrée régulière et, le cas échéant, produire un visa de long séjour pour justifier de la délivrance de plein droit (sur ces questions, V. *supra*). La délivrance de plein droit de la carte de résident reste subordonnée à la preuve d'un séjour régulier du demandeur ; c'est ce qui explique que la même catégorie peut se retrouver à la fois au titre de la carte de résident et de la carte de séjour (ex. : titulaire d'une rente d'accident du travail) ; reste que cela ne contribue pas à simplifier le droit applicable.

B – Bénéficiaires

Depuis la loi du 26 nov. 2003, plusieurs catégories d'étrangers ont perdu la possibilité de se voir attribuer une carte de résident de plein droit. Il s'agit en particulier du conjoint de français, marié depuis moins de deux ans, des parents d'enfants français, des étrangers autorisés à séjourner en France au titre du regroupement familial et de l'étranger justifiant de cinq ans de résidence régulière interrompue en France. C'est donc désormais la carte de séjour temporaire « vie privée et familiale » qui leur sera délivrée « de plein droit » en vertu des 1°, 4° et 6° de l'article L. 313-11.

L'attribution de plein droit concerne essentiellement des étrangers dont les liens familiaux sont tels qu'un refus de titre de séjour porterait une atteinte grave à leur droit à mener une vie familiale normale(1). Elle s'étend ensuite à des catégories d'étrangers en fonction de la durée de leur présence en France (2) ou de considérations propres au demandeur (état de santé par exemple) (3).

1. Liens familiaux

On précisera à titre liminaire que le conjoint et les enfants mineurs d'un étranger entrés en France au titre du *regroupement familial* se verront délivrer une carte de séjour mention « vie privée et familiale » (art. L. 411-1 s.). Au-delà, les liens familiaux constituent un critère de délivrance d'un titre s'agissant des effets du mariage et de la filiation. En revanche, il n'est pas tenu compte ici des liens forgés avec les ascendants ou les collatéraux.

a) Mariage

S'il n'existe plus de délivrance de plein droit de la carte de résident pour le conjoint étranger d'un français, le mariage d'un étranger avec un ressortissant français ou un ressortissant étranger titulaire d'une carte de séjour temporaire portant la mention « compétences et talents », « salarié en mission » ou « scientifique » ouvre droit à l'attribution d'une carte de séjour « vie privée et familiale ». On signalera que le même régime est applicable au conjoint d'un étranger titulaire de statut de résident de longue durée-CE dans un autre État membre de l'UE et d'une carte de séjour temporaire sous condition de résidence régulière, de ressources stables et suffisantes et d'une assurance maladie (art. L. 313-11-1, I).

S'agissant du conjoint de français, le texte exige en outre que la communauté de vie n'ait pas cessé depuis le mariage, condition qui n'était auparavant requise que pour l'attribution de plein droit de la carte de résident. La vie commune peut être attestée par différents indices : bail, quittances de loyer ou EDF, avis d'imposition, déclaration de revenus signée par les deux époux, compte bancaire joint, indices auxquels s'ajoute une déclaration sur l'honneur du demandeur. En revanche, la communauté de vie n'implique pas nécessairement la cohabitation (art. 108 C. civ.) ; en cas de doute, le préfet devra faire diligenter une enquête notamment afin de déterminer si le mariage n'avait pas été contracté dans le but exclusif d'obtenir un titre de séjour. À noter que le mariage ne donne droit à la carte de séjour que pour autant que l'étranger dispose d'un visa de long séjour.

Le renouvellement de la carte de séjour attribuée de plein droit au conjoint de français est subordonné au maintien de la communauté de vie. Le législateur a cherché à lutter contre les mariages frauduleux, c'est-à-dire conclus dans le but exclusif d'obtenir un titre de séjour. Il en résulte toutefois une très grande incertitude pour le conjoint de français qui se trouve en quelque sorte emprisonné dans ce statut, au risque de ne pas obtenir le renouvellement de la carte de séjour. Cette situation est même de nature à devenir particulièrement insupportable lorsque le conjoint de français fait l'objet de violences conjugales. Soit il les dénonce et quitte le domicile conjugal, rompant ainsi la communauté de vie ; soit il les supporte pour ne pas craindre un non renouvellement de la carte de séjour. C'est pour éviter ce choix impossible que le législateur a prévu la possibilité pour l'autorité administrative d'accorder le renouvellement de la carte de séjour alors même que la communauté de vie a été rompue, précisément en raison de violences conjugales. Mais il ne s'agit que d'une simple possibilité alors que le législateur aurait pu prévoir une obligation, notamment en présence d'une condamnation définitive du conjoint français auteur de violences conjugales. Depuis la loi du 16 juin 2011, le renouvellement de la carte de séjour constitue un droit pour le conjoint bénéficiaire d'une ordonnance de protection (art. 515-9 C. civ).

La délivrance de titres de séjour à des conjoints de français représente 70 % du total des titres délivrés ; plus de 80 % des annulations de mariage concernent des mariages mixtes.

On remarquera enfin que le législateur a retenu une conception stricte du mariage, refusant en particulier d'y assimiler les unions hors mariage (concubinage ou PACS) qui ne seront appréhendées que sous l'angle du 7° de l'art. L. 311-7.

b) Filiation

L'étranger parent d'un enfant français mineur résidant en France se verra attribuer la carte de séjour d'un an dès lors qu'il contribue effectivement à l'entretien et à l'éducation de l'enfant au sens de l'art. 371-2 C. civ. depuis la naissance de l'enfant ou depuis au moins deux ans. Par exemple, ne peut être considéré comme subvenant aux besoins de sa fille l'étranger qui ne verse pas régulièrement la pension alimentaire due et qui n'a pas maintenu avec sa fille des relations suivies. Le législateur a indiqué que le parent d'enfant français (art. L. 313-11-6°) titulaire d'une carte de séjour au titre de son enfant mineur, pouvait en obtenir le renouvellement alors même que l'enfant accédait à la majorité. C'est une solution de bon sens.

À noter que depuis la loi du 26 nov. 2003, les parents d'enfants français ne bénéficient plus de la délivrance « de plein droit » de la carte de résident ; celle-ci est notamment subordonnée à la détention par l'intéressé de la carte de séjour temporaire pendant une durée d'au moins 2 ans.

La carte de séjour « vie privée et familiale » est attribuée à **l'enfant étranger (mineur de 16 à 18 ans ou majeur entre 18 et 19 ans) d'un ressortissant français** dont l'un des parents est titulaire d'une carte de séjour ou de résident au titre du regroupement familial (1°), qui justifie résider habituellement en France avec au moins un de ses parents (légitimes, naturels ou adoptifs) depuis qu'il a atteint au plus l'âge de 13 ans (2°) ou dont l'un des parents (ou son conjoint) est titulaire de la carte de séjour « compétences et talents » ou « salarié en mission » (3°). Par analogie, le même régime s'applique à l'enfant confié depuis qu'il a atteint au plus l'âge de 16 ans, au service de l'Aide sociale à l'enfance (2 bis), sous réserve du caractère réel et sérieux du suivi de la formation, de la nature de ses liens avec la famille restée dans le pays d'origine et de l'avis de la structure d'accueil sur l'insertion de cet étranger dans la société française. Ces dernières conditions remettent évidemment en cause le caractère « de plein droit » de la délivrance de la carte de séjour.

L'art. L. 314-11 2° prévoit quant à lui l'attribution de plein droit de la carte de résident à l'enfant étranger d'un ressortissant de nationalité française si cet enfant est âgé de dix-huit à vingt et un ans ou s'il est à la charge de ses parents ainsi qu'aux ascendants d'un tel ressortissant et de son conjoint qui sont à sa charge, sous réserve qu'ils produisent un visa pour un séjour d'une durée supérieure à trois mois.

On signalera que la carte « vie privée et familiale » est également délivrée à l'enfant entré mineur en France d'un étranger titulaire du statut de résident de longue durée-CE dans un autre État membre de l'UE et d'une carte de séjour temporaire lorsqu'il atteint l'âge de dix-huit ans, sous réserve qu'il en fasse la demande dans les trois mois qui suivent son dix-huitième anniversaire (art. L. 313-11-1, II). Les conditions fixées sont les mêmes que pour le conjoint.

c) Vie privée et familiale (art. L. 313-11-7°)

Depuis 1998, le droit des étrangers aménage la délivrance « de plein droit » de la carte de séjour à l'étranger n'entrant dans aucune catégorie ni dans le cadre du regroupement familial mais dont les liens personnels et familiaux en France sont tels qu'un refus porterait une atteinte excessive à son droit au respect de sa situation personnelle ou de sa vie familiale. Le législateur a ainsi voulu permettre à l'étranger de bénéficier directement de l'article 8 Conv. EDH sans attendre un débat contentieux. En effet, le contentieux des refus de titre de séjour se fonde presque systématiquement sur le moyen tiré de la violation du droit à mener une vie familiale normale. Toutefois, la délivrance « de plein droit » n'a ici pas grand sens puisqu'il revient à l'administration d'apprécier l'intensité des liens personnels et familiaux de l'intéressé et ce, le cas échéant, sous le contrôle du juge de l'excès de pouvoir.

À cet égard, la carte sera en principe refusée dès lors que l'étranger pourrait bénéficier du regroupement familial, sans pour autant que le préfet soit en situation de compétence liée. À l'inverse, si le juge administratif a annulé une précédente décision de refus de séjour en se fondant sur les stipulations de l'art. 8 Conv. EDH, le demandeur aura vocation à se voir délivrer la carte prévue à l'art. L. 313-11-7° .

L'étranger qui invoque la protection due à son droit au respect de sa vie privée et familiale en France doit apporter toute justification permettant d'apprécier la réalité et la stabilité de ses liens personnels et familiaux effectifs en France au regard de ceux qu'il a conservés dans son pays d'origine. Une circulaire du 30 oct. 2004 indique que la stabilité du lien personnel est établie si les intéressés justifient d'une durée de vie commune en France égale à un an. L'appréciation de la stabilité du lien ainsi établi se réalise au regard de la vie commune en France, ce qui présente l'inconvénient de priver le partenaire de nationalité française de poursuivre en France sa vie de couple dès lors qu'elle aurait commencé à l'étranger. On notera que la loi du 15 nov. 1999 relative au Pacte civil de solidarité indique dans son art. 12 que « la conclusion d'un PACS constitue l'un des éléments d'appréciation des liens personnels en France au sens du 7° de l'article L. 313-11 du code ».

Le juge utilise de plus en plus largement le critère tiré de l'insertion du demandeur dans la société française et celui, tiré du droit de la nationalité, de la fixation du centre des attaches personnelles et familiales, pour annuler des refus de séjour sur le fondement de l'art. L. 313-11-7° (ex. pour un étranger qui dispose de nombreux soutiens, tant associatifs que politiques et participe activement à la vie associative et artistique régionale, ceci attestant de son intégration).

2. Durée de la résidence en France

La présence prolongée de l'étranger en France lui permettra également de bénéficier de l'attribution de plein droit d'une carte de séjour « vie privée et familiale ». C'est le cas de l'étranger qui justifie avoir résidé habituellement en France avec au moins un de ses parents depuis qu'il a atteint au plus l'âge de 13 ans (art. L. 313-11-2°) et de l'étranger né en France qui justifie par tout moyen y avoir résidé pendant au moins huit ans de façon continue et suivi, après l'âge de dix ans, une scolarité d'au moins cinq ans dans un établissement scolaire français, à la condition qu'il fasse sa demande entre l'âge de seize ans et l'âge de vingt et un ans (art. L. 313-11-8°).

Le législateur de 2006 a abrogé la disposition qui accordait de plein droit, sauf en cas de menace pour l'ordre public, la carte de séjour temporaire portant la mention « vie privée et familiale » à l'étranger ne vivant pas en état de polygamie, qui justifie « par tout moyen résider en France habituellement depuis plus de dix ans ou plus de quinze ans si, au cours de cette période, il a séjourné en qualité d'étudiant ».

La difficulté réside ici bien souvent dans l'administration de la preuve du séjour ou de la résidence habituels ; si la preuve peut être apportée par tout moyen (documents administratifs ou privés, simples témoignages), la pratique administrative reste relativement restrictive et la charge de la preuve incombe, en tout état de cause, au demandeur. Il faut préciser que la résidence « continue » signifie que l'intéressé ne doit pas, au cours de ces huit années, avoir quitté le territoire français pour une durée annuelle excédant celle des congés scolaires. L'intéressé doit être en mesure de justifier de son séjour en France mois par mois (ex : attestation de scolarité).

3. Considérations propres au demandeur

Les textes ont encore prévu de prendre en compte l'étranger dans son « statut » ou en fonction de son état de santé.

a) Réfugié statutaire et bénéficiaire de la protection subsidiaire

Le réfugié statutaire et sa famille bénéficient de plein droit de la carte de résident (art. L. 314-11-8°). Il convient toutefois que le mariage soit antérieur à la date de l'obtention du statut ou, à défaut, qu'il ait été célébré depuis au moins un an, sous réserve d'une communauté de vie effective entre les époux. La carte de résident est également délivrée aux ascendants directs au premier degré si l'étranger qui a obtenu le statut de réfugié est un mineur non accompagné.

L'art. L. 313-13 prévoit la délivrance de plein droit de la carte « vie privée et familiale » à l'étranger ayant obtenu le bénéfice de la protection subsidiaire ainsi qu'à son conjoint et à ses enfants lorsque le mariage est antérieur à la date d'obtention de la protection ou, à défaut, quand il a été célébré depuis au moins un an. Dans tous ces cas, la carte donne droit à l'exercice d'une activité professionnelle.

S'agissant des réfugiés, le juge administratif fait en outre application du principe d'unité de famille. En effet, les principes généraux du droit applicables aux réfugiés imposent, en vue d'assurer pleinement la protection du réfugié, que la même qualité soit reconnue à la personne de même nationalité unie à celui-ci par le mariage à la date à laquelle il a demandé son admission au statut, ainsi qu'à ses enfants qui étaient mineurs au moment de leur entrée en France. Toutefois, ces principes n'imposent pas que le même statut soit reconnu à l'ensemble des personnes qui se trouvent, ou se trouvaient, dans le pays d'origine, à la charge d'un réfugié. Dès lors qu'une personne n'a obtenu le statut de réfugié qu'au titre du principe d'unité de famille, le prononcé du divorce doit entraîner le retrait du titre de réfugié, alors même que la requérante était chargée de la garde des enfants.

b) Apatridie

L'apatride (ainsi que son conjoint et ses enfants dans l'année qui suit leur dix-huitième anniversaire ou entrant dans les prévisions de l'article L. 311-3) se verront attribuer de plein droit la carte de séjour « vie privée et familiale » (L. 313-11-8°). S'agissant du conjoint de l'apatride, il convient que le mariage soit antérieur à la date de l'obtention du statut ou, à défaut, qu'il ait été célébré depuis au moins un an ; par ailleurs, la communauté de vie effective entre les époux doit avoir été maintenue. Si ces conditions ne sont pas remplies, le conjoint de l'apatride devra obtenir une carte de séjour en justifiant des conditions de droit commun ou solliciter la carte vie privée et familiale sur le fondement du 7° de l'art. L. 311-7.

Eu égard aux obligations de protection des apatrides imposées par la convention du 28 sept. 1954 relative au statut des apatrides, à l'objectif d'intégration qu'elle définit et au droit au séjour particulier reconnu à la personne apatride, celle-ci ne peut légalement faire l'objet d'une mesure d'éloignement que pour des motifs de sécurité nationale ou d'ordre public ; une telle mesure ne peut davantage être prise à l'encontre des parents d'un enfant mineur reconnu apatride qui vit auprès d'eux dès lors qu'elle aurait pour effet, soit de priver l'enfant du bénéfice des droits et garanties attachés au statut d'apatride, s'il accompagne ses parents en exécution de la mesure d'éloignement, soit de porter une atteinte disproportionnée au droit au respect de la vie familiale de ces derniers, en méconnaissance de l'art. 8 Conv. EDH, si l'enfant demeure en France séparé de ses parents. Quoi qu'il en soit, l'apatridie doit être réelle et non volontaire, par exemple la renonciation à sa nationalité pour échapper à une mesure d'éloignement.

L'art. L. 314-11 9° prévoit enfin l'attribution de la carte de résident à l'apatride justifiant de trois années de résidence régulière en France ainsi qu'à son conjoint et à ses enfants dans l'année qui suit leur dix-huitième anniversaire.

c) État de santé

Bénéficie de plein droit de la carte de séjour « vie privée et familiale » l'étranger résidant habituellement en France dont l'état de santé nécessite une prise en charge médicale dont le défaut pourrait entraîner pour lui des conséquences d'une exceptionnelle gravité sous réserve de l'absence du traitement approprié dans le pays dont il est originaire (art. L. 313-11-11°). Le législateur de 2011 a sensiblement durci ces conditions puisque le texte antérieur, tel qu'interprété par la jurisprudence, prévoyait que le traitement nécessaire devait être effectivement disponible dans le pays d'origine.

C'est un arrêté du 8 juill. 1999 qui fixe les conditions dans lesquelles le médecin inspecteur de la santé publique émet un avis qui doit préciser si une prise en charge médicale de l'intéressé est nécessaire, si son défaut peut entraîner des conséquences d'une exceptionnelle gravité, si le traitement existe dans le pays d'origine et indique enfin quelle est la durée prévisible du traitement. L'autorité administrative n'est toutefois pas liée par l'avis du médecin inspecteur et peut se fonder sur un certificat médical établi par un autre médecin concluant à la nécessité du maintien en France pour le suivi des soins.

Par analogie, bénéficiera également de la carte « vie privée et familiale », voire d'une carte de résident (art. L. 314-11-3°) l'étranger titulaire d'une rente d'accident du travail ou de maladie professionnelle servie par un organisme français et dont le taux d'incapacité permanente est égal ou supérieur à 20 %.

Enfin, (art. L. 311-12), sauf si sa présence constitue une menace pour l'ordre public, une APS peut être délivrée à l'un des parents étranger de l'étranger mineur résidant habituellement en France dont *l'état de santé* nécessite une prise en charge médicale dont le défaut pourrait entraîner pour lui des conséquences d'une exceptionnelle gravité. D'une durée maximale de six mois, cette APS est délivrée après avis du médecin inspecteur. Cette innovation, issue de la loi de 2006, n'a pas eu pour effet de remettre en cause la jurisprudence administrative antérieure qui avait consacré ce même droit au séjour au profit du parent d'une personne malade.

d) Services rendus

L'art. L. 314-11 (4° à 7°) aménage la délivrance de plein droit de la carte de résident, c'est-à-dire sans condition tenant à la durée de résidence en France, au profit d'étrangers qui se sont signalés d'un point de vue militaire. Ceci concerne l'étranger ayant servi dans une unité combattante de l'armée française, ayant effectivement combattu dans les rangs des forces françaises de l'intérieur, titulaire du certificat de démobilisation délivré par la commission d'incorporation de ces formations dans l'armée régulière ou qui, quelle que soit la durée de son service dans ces mêmes formations, a été blessé en combattant l'ennemi, ayant servi en France dans une unité combattante d'une armée alliée ou qui, résidant antérieurement sur le territoire de la République, a également combattu dans les rangs d'une armée alliée ou dans la Légion étrangère, comptant au moins trois ans de services dans l'armée française, et titulaire du certificat de bonne conduite.

L'art. L. 313-14 prévoit la possibilité d'attribution de la carte de séjour à l'étranger dont l'admission au séjour répond à des considérations humanitaires ou se justifie au regard des motifs exceptionnels qu'il fait valoir. La Commission nationale de l'admission exceptionnelle au séjour exprime un avis sur les critères d'admission. Le législateur a toutefois entendu laisser à l'administration un large pouvoir pour apprécier si l'admission au séjour répond à des considérations humanitaires ou à des motifs exceptionnels ; il appartient seulement au juge administratif de vérifier que l'administration n'a pas commis d'erreur manifeste dans l'appréciation qu'elle a portée sur l'un ou l'autre de ces points.

Enfin, l'art. L. 314-15 (issu de la loi du 4 août 2008) prévoit que l'étranger qui apporte une contribution économique exceptionnelle à la France peut, sous réserve de la régularité du séjour, se voir délivrer la carte de résident. Ce nouveau titre de séjour est valable sans condition de durée. Son attribution n'est par ailleurs pas soumise à la condition d'intégration républicaine qui n'interviendra qu'à l'expiration de ce titre, lors de l'attribution d'une carte de résident permanent.

Lire aussi :

- L. Fermaud, "Le droit au séjour de l'étranger salarié : entre incitation et encadrement", *JCP Adm.* 2009, n° 11-12, p. 59.
- N. Guimezanes, "Condition des étrangers en France. Droits professionnels, professions commerciales, industrielles et artisanales", *J.-Cl. DIP*, Fasc. 525-B-3.
- F. Julien-Laferrerière, "Conditions des étrangers en France – Régime administratif des étrangers – Entrée et séjour en France" *J. Cl. International*, Fasc. 524-10.
- O. Lecucq, *Le statut constitutionnel des étrangers en situation irrégulière*, Thèse Aix 1999.
- S. Slama, "Condition des étrangers en France – Droits politiques et accès aux fonctions et emplois publics", *J.-Cl. International*, Fasc. 525-5.
- V. Tchen, "Étrangers – Séjour en France", *J.-Cl. Adm.*, Fasc. 233-60.

Chapitre III
L'étranger sous surveillance

L'étranger, même présent régulièrement sur le territoire français, peut faire l'objet de mesures spécifiques, restrictives des libertés par la mise en œuvre de contrôles d'identité particuliers (section 1), par une politique de « fichage » largement entendue (section 2) et par l'existence d'infractions et de sanctions pénales propres (section 3).

Section 1
Les contrôles et vérifications d'identité

Comme tout individu présent sur le territoire national, les étrangers doivent accepter de se prêter à un contrôle d'identité (art. 78-1 C. pr. pén.) selon les modalités fixées notamment par l'art. 78-2 C. pr. pén. (I). En outre, il existe des dispositions spécifiques concernant la possibilité de demander aux étrangers de présenter les documents les autorisant à séjourner ou circuler en France (II).

I – Les contrôles d'identité

Les contrôles d'identité, qui peuvent concerner tout autant les nationaux que les étrangers, peuvent être mis en œuvre selon quatre modalités différentes : à l'initiative des officiers de police judiciaire, sur réquisitions du procureur de la République, visant à prévenir une atteinte à l'ordre public ou géographiquement situés dans la « zone Schengen ».

A – Contrôles à l'initiative des officiers de police judiciaire

Le contrôle d'identité peut ici s'exercer vis-à-vis de toute personne à l'égard de laquelle existe une ou plusieurs raisons plausibles de soupçonner qu'elle a commis ou tenté de commettre une infraction, qu'elle se prépare à commettre un crime ou un délit, qu'elle est susceptible de fournir des renseignements utiles à l'enquête en cas de crime ou de délit ou qu'elle fait l'objet de recherches ordonnées par une autorité judiciaire (art. 78-2 al. 1er).

La difficulté réside à l'évidence dans la détermination des « raisons plausibles » évoquées par l'art. 78-2 C. pr. pén. Cette notion s'est substituée, depuis la loi du 18 mars 2003 à celle « d'indice faisant présumer ». Si la nouvelle formulation évoque l'art. 5 Conv. EDH, elle n'est guère plus précise que la précédente et a d'ailleurs suscité les critiques de la Commission nationale consultative des droits de l'homme (avis du 14 nov. 2002).

La démarche repose sur l'existence d'un « indice » qui devra figurer au procès-verbal d'interpellation et qui ne peut reposer sur le seul sentiment de l'agent en cause face au comportement de la personne contrôlée (fuite devant les policiers, passages répétés de nuit devant un magasin ou une bijouterie, etc.).

S'agissant des personnes de nationalité étrangère, la situation est passablement compliquée. Il existe en effet un certain nombre d'infractions spécifiques qui ne peuvent être commises que par des étrangers et qui ouvrent droit, comme les autres crimes ou délits, à la mise en œuvre d'un contrôle d'identité. La détermination de l'existence d'une ou plusieurs raisons plausibles de soupçonner que l'individu en cause est concerné par ces infractions engendre un conflit entre la volonté politique de lutter contre l'immigration clandestine et la nécessaire prévention contre des pratiques discriminatoires, voire racistes. En effet, les contrôles d'identité constituent l'un des moyens privilégiés de découverte des étrangers en situation irrégulière et donc de mise en œuvre des mesures d'éloignement. Le problème qui se pose est évidemment celui de l'identification de la personne en tant qu'étrangère ; par conséquent, le contrôle peut toujours s'avérer vexatoire, voire discriminatoire (contrôle « au faciès »). C'est la raison pour laquelle la jurisprudence avait exigé que ces contrôles soient justifiés par des « signes objectifs d'extranéité » susceptibles d'établir la qualité d'étranger. Dans le même esprit, les contrôles de droit commun ne peuvent être justifiés par l'apparence étrangère de l'intéressé.

B – Contrôle sur réquisitions écrites du procureur de la République

Ces contrôles, visés par l'art. 78-2 al. 6 C. pr. pén., sont effectués en vue de recherche et de poursuite d'infractions précises dans des lieux et pour une période de temps déterminés, sans pour autant devoir être motivés par le procureur de la République. Il s'agit d'une légalisation des « opérations coup de poing » par lesquelles la police cerne une zone où se commettent certaines infractions (trafic de stupéfiants, séjour d'étrangers en situation irrégulière, vols, etc.) et procède à des contrôles massifs et systématiques. À la différence des autres situations, chaque personne contrôlée ne doit pas nécessairement être individuellement soupçonnée d'être impliquée dans telle infraction justifiant l'opération.

Dans le but de lutter contre le travail clandestin (travail « dissimulé »), la loi « Debré » (art. 78-2-1 C. pr. pén.) permet des vérifications de même nature dans des lieux à usage professionnel. La loi du 23 janv. 2006 (art. 78-2-2 C. pr. pén.) a ouvert la même possibilité aux fins de recherche et de poursuite des actes de terrorisme (art. 421-1 à 421-6 C. pén.), des infractions en matière d'armes et d'explosifs (art. L. 2339-8, L. 2339-9 et L. 2353-4 C. défense), des infractions de vol (art. 311-3 à 311-11 C. pén.), de recel (art. 321-1 et 321-2 C. pén.) ou des faits de trafic de stupéfiants (art. 222-34 à 222-38 C. pén.).

C – Contrôles visant à prévenir une atteinte à l'ordre public

L'art. 78-2 al. 7 permet des contrôles d'identité à caractère préventif, sans qu'aucune condition de fond ne soit posée : l'identité de toute personne, quel que soit son comportement, peut ainsi être contrôlée pour prévenir une atteinte à l'ordre public, notamment à la sécurité des personnes ou des biens. Avant la loi du 10 août 1993, la Cour de cassation avait limité ces contrôles puisque le risque d'atteinte à l'ordre public devait pouvoir être rattaché au comportement d'une personne particulière. Si le législateur de 1993 a expressément supprimé cette condition, le Conseil constitutionnel a mis en œuvre une réserve « neutralisante » rétablissant en fait l'exigence de circonstances particulières établissant le risque d'atteinte à l'ordre public.

Ainsi, les agents procédant au contrôle doivent faire figurer au procès-verbal les éléments de nature à faire présumer l'existence d'un risque de menace à l'ordre public. Il peut s'agir de circonstances de lieu (par exemple des lieux où se commettent habituellement ou fréquemment des actes de délinquance), de temps (alerte à la bombe ; grand rassemblement de personnes, prévention de pillages) ou résultant du comportement de la personne contrôlée (par exemple, rôdeur, attitude troublée ou de fuite, scandale sur la voie publique, passage répété devant un point sensible).

Quoi qu'il en soit, ces contrôles ne peuvent être pratiqués que dans les lieux publics ou ouverts au public. Toute entrée dans un domicile privé constitue une perquisition qui situe dès lors l'action dans un cadre judiciaire (commission rogatoire ou procédure de flagrance).

D – Contrôles d'identité dans la « zone Schengen »

C'est l'alinéa 8 de l'art. 78-2 qui autorise les contrôles d'identité destinés à vérifier le respect des obligations de détention, de port et de présentation des titres et documents prévus par la loi pour les voyages internationaux. Ces contrôles ne peuvent avoir lieu que dans les gares, ports et aéroports ainsi que dans des zones de 20 km en deçà des frontières terrestres qui séparent le territoire français de celui des autres États parties à la Convention de Schengen. Le but consiste ici à compenser la suppression des contrôles statiques aux frontières. Les autorités de police n'ont pas à se prévaloir d'un élément propre à la personne, indice ou comportement de nature à justifier le contrôle. Ces zones présentent des risques particuliers d'infractions et de trouble à l'ordre public en raison de la circulation internationale qui justifient le contrôle *de plano*.

Ces contrôles doivent être conduits avec discernement et ne pas être systématiques afin de ne pas occasionner une gêne excessive aux personnes qui en sont justiciables.

Il peut s'agir du contrôle ponctuel d'une personne ou d'un contrôle systématique pendant une période déterminée en liaison avec des mouvements transfrontaliers de personnes. Ce contrôle peut être mis en œuvre sans conditions particulières ; il n'est notamment pas nécessaire de se fonder sur des critères objectifs déduits de circonstances extérieures à la personne de nature à la faire apparaître comme étrangère. La zone des 20 km est calculée à partir des frontières terrestres avec la Belgique, le Luxembourg, l'Allemagne, l'Italie et l'Espagne (la Suisse, la Grande Bretagne, Andorre et Monaco ne sont pas parties à la Convention de Schengen). Les zones des ports, aéroports et gares sont désignées par arrêté qui vise notamment tous les ports de commerce, les ports de voyageurs et les ports de plaisance les plus importants ; pour les gares, il s'agit de celles dans lesquelles s'arrêtent pour la première fois des trains en provenance de l'étranger.

Il convient enfin de préciser que la Cour de cassation s'est attachée à éviter les détournements de procédure en invitant les juridictions de fond à vérifier que ces contrôles avaient bien pour objet vérifier le respect des obligations de détention, de port et de présentation des titres et documents prévus par la loi.

On signalera qu'en application de l'art. *67 quater C. douanes*, les agents des douanes peuvent, dans une zone comprise entre la frontière terrestre de la France avec les États parties à la convention de Schengen et une ligne tracée à 20 kilomètres en deçà, ainsi que dans les zones accessibles au public des ports, aéroports et gares ferroviaires ou routières ouverts au trafic international et désignés par arrêté, vérifier le respect des obligations de détention, de port et de présentation des pièces ou documents exigés des étrangers en France. Lorsqu'il existe une section autoroutière démarrant dans la zone mentionnée ci-dessus et que le premier péage autoroutier se situe au-delà de la ligne des 20 kilomètres, la vérification peut en outre avoir lieu jusqu'à ce premier péage sur les aires de stationnement ainsi que sur le lieu de ce péage et les aires de stationnement attenantes.

Enfin, l'art. L. 611-8 prévoit que dans la « zone Schengen », les officiers de police judiciaire peuvent procéder, avec l'accord du conducteur ou, à défaut, sur instructions du procureur de la République, à la visite sommaire des véhicules circulant sur la voie publique, à l'exclusion des voitures particulières, en vue de rechercher et constater les infractions relatives à l'entrée et au séjour des étrangers en France.

II – Les vérifications d'identité

Si la personne contrôlée n'est pas en mesure d'attester de son identité ou refuse de le faire (la production de documents faux ou douteux étant assimilée à ces cas), s'ouvre la deuxième phase, c'est-à-dire la **vérification d'identité** (art. 78-3 C. pr. pén.) à condition que la police estime l'identification nécessaire. La personne peut alors être retenue sur place (accès à un terminal du système d'information Schengen dans un aéroport par exemple) ou dans un local de la police pour une durée maximale de 4 heures (8 heures à Mayotte). L'intéressé est aussitôt informé de son droit de faire aviser le procureur de la République de la vérification dont il fait l'objet et de prévenir à tout moment sa famille ou toute personne de son choix. Si des circonstances particulières l'exigent, l'officier de police judiciaire prévient lui-même la famille ou la personne choisie. Le procureur est informé d'office pour les mineurs. Ils doivent en principe être assistés de leur représentant légal, ce qui pose évidemment problème puisque celui-ci est rarement connu compte tenu de la recherche d'identité. Pour déterminer l'âge, il convient de tenir compte de l'apparence de la personne et de ses déclarations.

Si la personne interpellée maintient son refus de justifier de son identité ou fournit des éléments d'identité manifestement inexacts, les opérations de vérification peuvent donner lieu, après autorisation du procureur de la République ou du juge d'instruction, à la prise d'empreintes digitales ou de photographies lorsque celle-ci constitue l'unique moyen d'établir l'identité de l'intéressé.

Pour la mise en œuvre de ces dispositions, il n'est pas nécessaire que l'intéressé puisse être présumé en situation irrégulière. Le Conseil constitutionnel a en effet considéré que « dans le cadre d'un régime d'autorisation préalable, le législateur est en mesure d'exiger des étrangers la détention, le port et la production des documents attestant la régularité de leur entrée et de leur séjour en France [...] en dehors de la recherche d'auteurs d'infractions et en l'absence de circonstances particulières relatives à la prévention d'atteintes à l'ordre public ».

Section 2
Les fichiers

La politique de maîtrise des flux migratoires a donné lieu à la constitution de nombreux fichiers informatisés regroupant des informations sur les personnes de nationalité étrangère, soit aux fins de gérer le séjour en France, soit dans le but de prévenir des atteintes à l'ordre public.

I – Les fichiers nationaux

Il convient tout d'abord de signaler un fichier qui n'est pas spécifique aux étrangers mais qui les concerne néanmoins directement : le *fichier des personnes recherchées (FPR)*. Il recense toutes les personnes faisant l'objet d'une mesure de recherche ou de vérification de leur situation juridique et sert à faciliter les recherches effectuées par les services de police et de gendarmerie à la demande des autorités judiciaires, militaires ou administratives.

Les informations enregistrées sont l'identité de la personne recherchée, son signalement, le motif de la recherche et la conduite à tenir en cas de découverte des personnes recherchées. Y figurent notamment les étrangers sous le coup d'une mesure d'éloignement ou d'opposition à l'entrée en France.

A – Le système informatisé de gestion des dossiers des ressortissants étrangers en France

L'art. D. 611-1 a mis en œuvre le *système informatisé de gestion des dossiers des ressortissants étrangers en France* dont les finalités sont définies de manière limitative : améliorer les procédures relatives au règlement de la situation administrative d'un ressortissant étranger en France ; assurer un mode de fabrication des titres de séjour et des récépissés de demande de délivrance ou de renouvellement de ces titres, ainsi que des documents de circulation et des titres d'identité républicains pour étrangers mineurs, qui évite les risques de falsification ; permettre aux agents relevant des autorités et des services habilités à examiner la situation de l'étranger au regard du séjour en France d'effectuer les vérifications nécessaires ; permettre l'établissement de statistiques selon des modalités fixées par arrêté du ministre chargé de l'immigration.

Dans ce fichier sont stockées des informations individuelles (état civil, adresse, filiation, situation familiale) ainsi que les conditions d'entrée en France, l'existence du visa, les données relative à l'autorisation de séjour détenue.

Les fichiers constituant le système informatisé de gestion des dossiers des ressortissants étrangers en France ne peuvent en principe faire l'objet d'aucune interconnexion avec un autre fichier, notamment avec le système national des permis de conduire ou les fichiers de l'OFPRA.

Le droit d'accès prévu à l'art. 39 de la loi du 6 janv. 1978 relative à l'informatique, aux fichiers et aux libertés s'exerce auprès de l'administration centrale du ministère chargé de l'immigration ou du préfet territorialement compétent.

B – Le traitement automatisé de données à caractère personnel relatives aux étrangers sollicitant la délivrance d'un visa

Régi par les art. R. 611-8 s., ce traitement, dénommé VISABIO a pour finalité de mieux garantir le droit au séjour des personnes en situation régulière et de lutter contre l'entrée et le séjour irréguliers des étrangers en France, en prévenant les fraudes documentaires et les usurpations d'identité. Il vise en particulier à améliorer les conditions de délivrance des visas en permettant de déceler les demandes présentées par la même personne sous plusieurs identités, à faciliter, sur le territoire national, les vérifications d'identité et de régularité du séjour par les services de la police et de la gendarmerie nationales.

Ce fichier enregistre les images numérisées de la photographie et des empreintes digitales des dix doigts des demandeurs de visas âgés de plus de six ans, collectées par les chancelleries consulaires et les consulats français. S'y ajoutent les données communiquées automatiquement par le Réseau mondial visas relatives à la délivrance des visas dans les postes consulaires, lors de la demande et de la délivrance d'un visa ainsi que des données recueillies ultérieurement lors des entrées et sorties du détenteur de visa (date de première entrée, date de dernière entrée et date de sortie).

Le fichier peut être consulté, sur habilitation expresse, par les agents qui participent à l'instruction des demandes de visa et par les services de police et de gendarmerie et les agents des services de renseignement.

Les droits d'accès et de rectification s'exercent auprès du ministère de l'intérieur (direction centrale de la police aux frontières), du ministère des affaires étrangères (direction des Français à l'étranger et des étrangers en France), du ministère chargé de l'immigration ou du service où la demande de visa a été déposée.

C – Le fichier des non-admis (FNAD)

Le traitement automatisé de données à caractère personnel des ressortissants étrangers qui, ayant été contrôlés à l'occasion du franchissement de la frontière, ne remplissent pas les conditions d'entrée requises a été créé, à titre expérimental, pour une durée de quatre ans par le décret du 25 juill. 2007. Il vise à lutter contre l'entrée et le séjour irréguliers en France des étrangers non ressortissants d'un État membre de l'UE ou assimilé, en facilitant l'identification des étrangers qui, lors de leur contrôle à l'occasion du franchissement de la frontière à l'aéroport Roissy Charles-de-Gaulle, en provenance d'un pays tiers aux États parties à la convention de Schengen ne remplissent pas les conditions prévues à l'article 5 du code frontières Schengen.

Ce fichier enregistre les données suivantes : identité de l'étranger, titre de voyage, images numérisées de la photographie et des empreintes digitales des dix doigts, image numérisée de la page du document d'identité ou de voyage supportant la photographie du titulaire, données relatives au transport, motif du refus d'entrée sur le territoire et suite réservée à la procédure de non admission.

Les données sont exploitées par les agents de la police aux frontières et, à l'exclusion des données biométriques, par les agents chargés de l'application de la réglementation relative aux étrangers. S'y ajoutent les agents chargés des missions de prévention et de répression des actes de terrorisme.

Ce fichier ne peut faire l'objet d'aucune interconnexion, rapprochement ou mise en relation avec un autre traitement automatisé de données à caractère personnel.

Le droit d'accès et de rectification s'exerce auprès du ministère de l'intérieur (direction de la police aux frontières des aéroports Roissy Charles-de-Gaulle et Le Bourget).

D – Le fichier « ELOI »

Le traitement automatisé de données à caractère personnel relatives aux étrangers faisant l'objet d'une mesure d'éloignement (art. R. 611-25 s.) vise à assurer le suivi et la mise en œuvre des mesures d'éloignement par la gestion des différentes étapes de la procédure et d'établir des statistiques relatives à ces mesures et à leur exécution.

Y figurent les données à caractère personnel relatives à l'étranger faisant l'objet d'une mesure d'éloignement. Par ailleurs, quand l'étranger fait l'objet d'une assignation à résidence, les nom, prénoms et adresse de la personne qui l'héberge sont enregistrés dans le traitement ELOI.

Le traitement ELOI peut être consulté, pour les besoins exclusifs des missions relatives aux procédures d'éloignement qui leur sont confiées, par les agents des services centraux du ministère chargé de l'immigration, du ministère de l'intérieur et du ministère de la défense individuellement désignés et spécialement habilités. S'y ajoutent les agents des services préfectoraux en charge de la gestion de la procédure d'éloignement individuellement désignés et spécialement habilités ainsi que les agents des services de la police et de la gendarmerie nationales en charge de la gestion des lieux de rétention administrative et de l'exécution des mesures d'éloignement, individuellement désignés et spécialement habilités.

Les droits d'accès et de rectification s'exercent auprès du préfet en charge de la gestion du dossier d'éloignement. Les données à caractère personnel enregistrées dans le traitement ELOI ne peuvent faire l'objet d'interconnexions, mises en relation ou rapprochements avec aucun autre traitement automatisé de données à caractère personnel.

II – Le Système d'information Schengen

Ce vaste fichier informatique, opérationnel depuis la fin de l'année 1994, contient des données relatives aux objets (véhicules volés ou perdus, armes à feu, documents vierges d'identité, billets de banque) et aux personnes (état civil, signes physiques particuliers, indications relatives à la détention d'armes, à la violence de la personne, motif du signalement, conduite à tenir, c'est-à-dire arrestation, garde à vue, contrôle spécifique ou surveillance discrète).

Peuvent être signalées les personnes recherchées pour l'arrestation aux fins d'extradition ou par l'autorité judiciaire dans le cadre de procédures pénales, les personnes disparues ou devant être placées sous protection, tout individu « lorsque l'appréciation globale de l'intéressé, en particulier sur la base des faits punissables commis jusqu'alors, permet de supposer qu'il commettra également à l'avenir des faits punissables extrêmement graves » (art. 99 Conv.), les étrangers refusés ou éloignés du territoire, les étrangers représentant une menace pour l'ordre public (condamnation pour une infraction passible d'au moins un an de prison) ; il en va de même « lorsqu'il existe de sérieuses raisons de croire qu'il a commis des faits punissables graves ou à l'égard duquel il existe des indices réels qu'il envisage de commettre de tels faits » (art. 96 Conv.).

Pour les étrangers, le SIS « permet aux autorités de disposer de signalement de personnes [...] aux fins de la procédure de délivrance de visas, de la délivrance des titres de séjour » (art. 92-1) : le signalement des étrangers est donc essentiel dans le cadre de la Convention. En outre, par dérogation au principe selon lequel le SIS ne peut être utilisé à des fins administratives, les autorités nationales chargées des étrangers ont accès au SIS (art. 101-2). Le signalement d'un étranger a en principe pour effet d'interdire son entrée dans l'espace Schengen.

L'administration peut notamment refuser un visa de long séjour au motif d'une inscription au SIS. Le juge administratif est fondé à ordonner avant dire droit au ministre des Affaires étrangères la communication de tous éléments relatifs à cette inscription et notamment l'indication de l'autorité nationale qui a procédé au signalement ainsi que son motif. Si le ministre refuse de communiquer les raisons du signalement d'un étranger au SIS, refus motivé par des nécessités de l'ordre public, le refus de visa fera l'objet d'une annulation. Il en ira de même si le ministre ne donne aucune indication sur les motifs qui avaient entraîné le signalement.

Par ailleurs, le juge s'autorise (sur la base de l'art. 111 de la Convention qui offre la possibilité aux personnes signalées de saisir sur le territoire de chaque partie contractante la juridiction ou l'autorité compétente d'une action en rectification d'une erreur matérielle, d'effacement d'une erreur de droit ou d'indemnisation) à vérifier le motif du signalement pourtant émanant d'une autorité étrangère. En revanche, le juge n'est pas compétent pour statuer sur la légalité des décisions des autorités étrangères fondant le signalement.

Le droit d'accès au SIS par une personne ayant fait l'objet d'un signalement aux fins de non admission s'exerce dans le cadre des dispositions de l'art. 39 de la loi du 6 janv. 1978. Quand un traitement intéresse la sûreté de l'État, la défense ou la sécurité publique, il peut comprendre des informations dont la communication à l'intéressé serait susceptible de mettre en cause les fins assignées à ce traitement, pour lesquelles seul le droit d'accès indirect est organisé ; en revanche, pour les informations dont la communication ne mettrait pas en cause ces mêmes fins et notamment des décisions administratives ou juridictionnelles qui ont été ou auraient dû être préalablement communiquées à l'intéressé il appartient au gestionnaire du traitement ou à la CNIL, saisis par l'intéressé, de lui en donner communication.

En application des stipulations de l'art. 106 de la Convention d'application de l'accord de Schengen, il incombe aux autorités françaises, saisies par une personne qui conteste son inscription, de procéder, dans le cas d'un signalement opéré par la France, à l'effacement des données entachées d'erreur de droit ou de fait ; dans le cas d'un signalement opéré par un autre État, il appartient aux autorités françaises, si elles estiment disposer d'indices faisant présumer qu'une donnée est entachée d'erreur de droit ou de fait, d'en aviser les autorités de cet État. Le juge administratif se limite au contrôle minimum de cette appréciation réalisée par les autorités françaises.

Section 3
Les infractions pénales propres au droit des étrangers

Le Titre II du Livre VI du CESEDA prévoit une batterie d'infractions pénales spécifiques au droit des étrangers que l'on peut classer en deux catégories. La première regroupe les infractions qui ne peuvent être commises que par les étrangers : entrée et séjour irréguliers, mariage contracté à seule fin d'obtenir un titre de séjour ou la nationalité française, méconnaissance des mesures d'éloignement ou d'assignation à résidence. La deuxième catégorie regroupe des infractions qui peuvent être commises par des nationaux ou des étrangers mais qui constituent autant de violations du droit des étrangers : aide à l'entrée et au séjour irréguliers et mariage contracté à seule fin de faire obtenir un titre de séjour ou la nationalité française.

Il convient en outre de mentionner les infractions pouvant être spécifiquement commises par les ressortissants européens et assimilés, régies par les art. R. 621-1 à R. 621-3. Sont ainsi punis de la peine d'amende les ressortissants européens qui auront omis de se conformer à la formalité d'enregistrement prévue à l'article L. 121-2 et les membres de famille qui auront omis de solliciter dans les délais réglementaires la délivrance de la carte de séjour prévue à l'article R. 121-14.

I – Entrée et séjour irréguliers

Deux cas de figure doivent ici être distingués selon que l'infraction est commise par l'étranger lui-même (A) ou qu'il a bénéficié d'une aide extérieure (B).

A – Infractions commises par l'étranger

Les art. L. 621-1 et L. 621-2 punissent d'un emprisonnement d'un an et d'une amende de 3 750 € l'étranger qui a pénétré ou séjourné irrégulièrement en France, c'est-à-dire en violation du CESEDA ou du Code frontières Schengen. Cette peine pourra être assortie d'une interdiction judiciaire du territoire.

B – Aide à l'entrée et au séjour irréguliers

Mais la répression s'étend à l'aide à l'entrée et au séjour irréguliers (art. L. 622-1 s.) conformément à une directive du 28 nov. 2002. Selon ce texte, chaque État membre adopte des sanctions appropriées à l'encontre de quiconque aide sciemment une personne non ressortissante d'un État membre à pénétrer sur le territoire d'un État membre ou à transiter par le territoire d'un tel État, en violation de la législation de cet État relative à l'entrée ou au transit des étrangers ; à l'encontre de quiconque aide sciemment, dans un but lucratif, une personne non ressortissante d'un État membre à séjourner sur le territoire d'un État membre en violation de la législation de cet État relative au séjour des étrangers. Ces sanctions concernent également la simple tentative ainsi que les instigateurs et les complices.

Le délit d'aide à l'entrée et au séjour irrégulier est caractérisé par toute aide directe ou indirecte de nature à faciliter l'entrée ou le séjour irrégulier et l'art. L. 622-1 n'impose pas la recherche du caractère délictueux du moyen utilisé pour apporter l'aide. Ainsi, par exemple, l'existence de reconnaissances de paternités faites dans l'unique but de permettre à des mineurs d'entrer et de séjourner sur le territoire français, voire d'obtenir un titre de séjour ou de nationalité française, suffit à caractériser l'infraction.

Des condamnations sont ainsi intervenues pour réprimer l'emploi d'étrangers en situation irrégulière, à la condition que l'employeur ait eu connaissance de l'irrégularité de la situation de son salarié ou pour sanctionner l'existence de réseaux et filières offrant une aide au franchissement illégal de la frontière ou mettant en place une organisation afin de favoriser avec l'aide de rabatteurs, l'émigration illégale de jeunes étrangers.

Le but du législateur (national et européen) est simple : lutter contre les filières d'immigration clandestine et les réseaux de passeurs. Mais la mise en œuvre de ces infractions se heurte à une difficulté sérieuse : comment gérer l'aide apportée par les proches de l'étranger, par les membres de sa famille ou par les circuits associatifs en charge de l'assistance aux étrangers ? C'est donc la question de l'immunité pénale qui est ici posée et qui fait l'objet de l'art. 1er, 2 de la directive de 2002 : tout État membre peut décider de ne pas imposer de sanctions en appliquant sa législation et sa pratique nationales, dans les cas où le comportement a pour but d'apporter une aide humanitaire à la personne concernée. Le droit national est toutefois plus restrictif puisque l'art. L. 622-4 d'une part, ne mentionne que l'aide au séjour et d'autre part ne vise que les membres de la famille de l'étranger concerné et la prise en considération de l'état de nécessité, laissant ainsi dans l'ombre l'action des réseaux associatifs.

C'est ainsi à la jurisprudence qu'est revenue le soin de combiner la nécessaire répression des réseaux de passeurs et de traite d'êtres humains avec le souci de ne pas sanctionner les comportements révélant l'humanité ou l'engagement de leurs auteurs. Le juge pénal a été amené à critiquer la généralité des termes utilisés et le non-respect du principe de légalité des délits et des peines et a considéré que les comportements humanitaires et les attitudes inspirées uniquement par l'amour n'entraient pas dans la définition de l'infraction.

Des condamnations sont toutefois intervenues à l'égard de membres de la famille ou de personnes ayant apporté leur soutien à des étrangers, par exemple en hébergeant à leur domicile des réfugiés dont ils n'ignoraient pas l'irrégularité de la situation.

C – Méconnaissance des obligations incombant aux entreprises de transport

L'art. L. 625-1 prévoit une amende d'un montant maximum de 5 000 € pour l'entreprise de transport aérien ou maritime qui débarque sur le territoire français, en provenance d'un autre État, un étranger non ressortissant d'un État de l'Union européenne et démuni du document de voyage et, le cas échéant, du visa requis par la loi ou l'accord international qui lui est applicable en raison de sa nationalité. La même peine s'applique en cas de simple transit.

C'est, une fois de plus, sous l'influence du droit européen, et en particulier de la Convention de Schengen, que ces dispositions ont été introduites en droit français, dans le cadre d'un rapprochement progressif des politiques d'immigration au niveau de l'Union.

L'obligation qui pèse sur les entreprises de transport est particulièrement lourde puisque l'infraction est constituée du seul fait d'avoir débarqué en France un étranger non muni des documents exigés. Par ailleurs, l'entreprise de transport ne peut se contenter de vérifier que l'étranger est, par exemple, porteur d'un passeport ou d'un titre de séjour, mais doit également s'assurer qu'il ne s'agit pas de documents falsifiés. Bien plus, s'agissant des demandeurs d'asile, si l'art. L. 625-5 prévoit que l'entreprise de transport n'est pas susceptible de sanction lorsque l'étranger dépourvu de document de voyage est un demandeur d'asile, c'est sous la réserve que la demande d'asile ne soit pas « manifestement infondée ». Cette disposition a pu être interprétée comme exigeant des entreprises de transport d'opérer un contrôle de la demande d'asile elle-même, ce qui a pu être critiqué comme une « privatisation » du droit d'asile. Le Conseil constitutionnel a toutefois retenu une interprétation neutralisante en considérant que l'art. L. 625-5 avait en réalité pour objet d'éviter que l'entreprise de transport ne refuse d'embarquer un demandeur d'asile au seul motif qu'il était dépourvu des documents de voyage exigés. Selon la circulaire d'application du 15 févr. 1993, le caractère manifestement infondé doit pouvoir être décelé sans instruction particulière.

Ce même art. L. 625-5 prévoit que la responsabilité du transporteur ne sera pas engagée lorsque les documents présentés par l'étranger ne comportent pas un élément d'irrégularité manifeste, la contrefaçon ou la falsification devant être visible à l'œil nu. L'entreprise de transport ne peut davantage être tenue pour responsable lorsque l'étranger a présenté les documents requis lors de l'embarquement mais les a fait disparaître durant le voyage.

Si la responsabilité de l'entreprise de transport est engagée, elle encourt une amende prononcée par le ministre chargé de l'immigration, prise après procédure contradictoire. Cette sanction n'est donc pas d'une nature pénale mais administrative. Un recours de plein contentieux peut être engagé par l'entreprise devant le tribunal administratif territorialement compétent, sa compétence de pleine juridiction l'autorisant notamment à moduler le montant de l'amende prononcée.

II – Mariages contractés à seule fin d'obtenir ou de faire obtenir un titre de séjour ou la nationalité française

Il existe des liens étroits entre le droit des étrangers et le mariage, malgré les restrictions successivement apportées par les textes. Le CESEDA sanctionne ainsi les mariages de complaisance (A) tandis que le juge administratif limite les effets des mariages dès lors que ceux-ci apparaissent comme frauduleux (B).

A – La sanction du mariage de complaisance

L'art. L. 623-1 prévoit désormais un délit passible de cinq ans d'emprisonnement et de 15 000 € d'amende en cas de mariage de complaisance. La loi du 16 juin 2011 a complété le dispositif antérieur, qui ne concernait que les mariages dits blancs (fraude commise par les deux époux) par la prise en compte des mariages "gris", c'est-à-dire lorsque l'étranger qui a contracté mariage a dissimulé ses intentions à son conjoint. La confrontation de ces règles a posé et pose encore de nombreux problèmes tant au législateur qu'aux autorités locales chargées de célébrer les mariages.

L'actualité de ces dernières années s'est fait l'écho de véritables filières de « mariages blancs » contre lesquelles les officiers d'état civil ont tenté de réagir, notamment en refusant de célébrer les unions « douteuses » ou en différant la célébration jusqu'à la décision du procureur de la République. Dans tous les cas, c'est sur le fondement de l'article 146 C. civil que ces procédures intervenaient ; cette disposition prévoit en effet qu'il n'y a pas de mariage lorsqu'il n'y a point de consentement ; dès lors que le mariage a lieu dans un but autre que l'union matrimoniale, il y a mariage de complaisance et donc défaut de consentement véritable.

Les techniques utilisées pour lutter contre toute utilisation frauduleuse du mariage sont multiples : contrôle de l'union avant la célébration, contrôle des mariages célébrés à l'étranger, contrôle de la pérennité du mariage dans le temps (maintien de l'existence de l'union et de la communauté de vie). Certes, le Conseil constitutionnel a bien considéré que le droit au mariage constituait l'une des libertés fondamentales de l'homme. Il n'en reste pas moins que le dispositif actuel laisse à l'administration une marge de manœuvre non négligeable, non pas tant au regard des règles relatives à la célébration du mariage que du point de vue des effets de celui-ci.

Une circulaire du 2 mai 2005 considère que le mariage est simulé dès l'instant où il ne repose pas sur une volonté libre et éclairée de vouloir se prendre pour mari et femme et notamment qu'il ait été conclu exclusivement à des fins migratoires. À noter que cette même circulaire considère que la situation irrégulière d'un candidat au mariage constitue un indice « faisant suspecter un défaut de sincérité de l'intention matrimoniale ».

B – Le contrôle des effets du mariage

Le Conseil d'État s'est prononcé sur le problème de l'opposabilité d'un mariage contracté par un étranger en rendant un avis le 9 oct. 1992 : si un acte de droit privé opposable aux tiers est en principe opposable dans les mêmes conditions à l'administration tant qu'il n'a pas été déclaré nul par le juge judiciaire, il appartient à l'administration, lorsque se révèle une fraude commise en vue d'obtenir l'application de dispositions de droit public, d'y faire échec même dans le cas où cette fraude revêt la forme d'un acte de droit privé ; par suite, ce principe peut conduire l'administration à ne pas tenir compte d'actes de droit privé opposables aux tiers.

Toutefois, ce pouvoir accordé à l'administration n'est pas sans limite et s'exerce sous le contrôle du juge. Le Conseil d'État exige en tout état de cause qu'il soit apporté la preuve du caractère frauduleux du mariage, et notamment que le mariage a été contracté dans le but exclusif d'obtenir un titre de séjour.

On constate ainsi que désormais tout mariage entre un étranger et un ressortissant français est nécessairement suspect aux yeux de l'administration, ce qui n'est guère compatible avec la volonté d'intégration que le mariage exprime évidemment.

III – Méconnaissance des mesures d'éloignement ou d'assignation à résidence

Aux termes de l'art. L. 624-1, tout étranger qui se sera soustrait ou qui aura tenté de se soustraire à l'exécution d'une mesure de refus d'entrée en France, d'un arrêté d'expulsion, d'une mesure de reconduite à la frontière ou d'une obligation de quitter le territoire français sera puni d'une peine de trois ans d'emprisonnement, cette peine pouvant être assortie d'une mesure d'interdiction du territoire de dix ans maximum.

La même peine sera applicable à tout étranger qui n'aura pas présenté à l'autorité administrative compétente les documents de voyage permettant l'exécution de l'une de ces mesures ou qui, à défaut de ceux-ci, n'aura pas communiqué les renseignements permettant cette exécution ou aura communiqué des renseignements inexacts sur son identité.

Cette infraction prend ordinairement la forme « classique » du refus d'embarquement mais peut également reposer sur le fait d'avoir donné des identités différentes, dans le but manifeste d'échapper à la mesure d'éloignement ou pénétré de nouveau sans autorisation sur le territoire national malgré une expulsion antérieure. Plus largement, les juridictions pénales considèrent que le simple fait de ne pas exécuter de soi-même la mesure d'éloignement constitue le délit.

L'étranger peut, le cas échéant, évoquer l'état de nécessité, notamment lorsqu'il apporte la preuve qu'il craint pour sa vie en cas de retour dans son pays d'origine. Mais la preuve sera nécessairement difficile à apporter. On signalera pour conclure que les étrangers peuvent faire l'objet d'une *interdiction judiciaire du territoire*, peine accessoire prononcée par le juge pénal à l'occasion d'une instance correctionnelle ou criminelle et qui a pour effet d'interdire à un condamné étranger d'entrer et de séjourner sur le territoire français pendant une durée déterminée ou à titre définitif. Elle peut aussi prendre la forme d'une peine principale. Dans ce dernier cas, l'étranger fait l'objet, de plein droit, d'un placement en rétention administrative.

Cette mesure peut être appliquée à tout étranger coupable d'une infraction pénale (environ deux cents infractions sont concernées dans le code pénal), sachant que l'essentiel des interdictions du territoire intervient suite à une condamnation pour infraction aux règles d'entrée et de séjour des étrangers en France.

L'interdiction du territoire relève ainsi de la compétence exclusive du juge pénal et les mesures d'exécution sont prises par le préfet dans le cadre d'une compétence liée. Par voie de conséquence, le juge administratif est, par principe, incompétent à l'égard de ces mesures, sauf prise en considération des éléments accessoires comme la fixation du pays de destination.

Lire aussi :

- N. Ferre, *Les contrôles d'identité au miroir des étrangers*, thèse Paris X, juill. 1992.
- F. Laroche-Gisserot, "Le crépuscule des mariages naturalisants", *Gaz. Pal.*, 13-17 mai 1994, p. 2.
- E. Picard, "Les contrôles d'identité au regard des droits fondamentaux", *RFDA* sept.-oct. 1994, p. 959.
- M. Reydellet, "Le délit d'aide à l'étranger en situation irrégulière" *D* 1998, chron. p. 148.
- J. Rubellin-Devichi, "La justice et les mariages blancs", *RFDA* 1993, n° 1, p. 166.
- M. Sharshar, "Le rôle de l'officier d'état civil dans le mariage naturalisant", *RFDA* janv. 1996, n° 3, p. 31.

Chapitre IV
L'éloignement des étrangers

Le droit des étrangers a toujours comporté un certain nombre de dispositions permettant à l'État, fort de son pouvoir souverain, de procéder à l'éloignement du territoire national des étrangers en se fondant principalement sur la référence à la notion d'ordre public, omniprésente en droit des étrangers et gage de mise en œuvre de la procédure d'expulsion. Dans les années récentes, le droit des étrangers a vu se développer la « panoplie » des mesures permettant d'obtenir l'éloignement d'étrangers irréguliers, indésirables ou de nature à troubler l'ordre public.

C'est aujourd'hui encore la confusion qui domine le droit applicable aux mesures d'éloignement tant au regard de leur champ d'application que de la procédure qui les régit. Par exemple, une menace à l'ordre public pourra justifier tout à la fois une obligation de quitter le territoire français – OQTF – (pour les ressortissants européens et assimilés durant les trois premiers mois du séjour en France), une mesure d'expulsion ou une reconduite à la frontière. La mesure d'éloignement peut résulter du pouvoir d'appréciation de l'administration ou exprimer une compétence liée lorsqu'elle est la conséquence d'une mesure judiciaire d'interdiction du territoire. On constate par ailleurs que le législateur a mis en œuvre une protection contre les mesures d'éloignement, mais dont le champ varie en fonction de la mesure en cause.

Les mesures d'éloignement peuvent aujourd'hui intervenir dans trois séries d'hypothèses (on trouvera en annexe 2 un tableau récapitulatif) : l'étranger est entré irrégulièrement en France ou s'est maintenu sur le territoire en situation irrégulière (OQTF ; reconduite « Schengen » ; remise du demandeur d'asile) ; il n'est pas en règle au regard des dispositions en matière de titre de séjour (OQTF) ; enfin, sa présence en France constitue une menace à l'ordre public, celle-ci faisant l'objet d'une gradation en fonction de sa gravité (reconduite à la frontière, expulsions, interdiction judiciaire du territoire).

Les mesures prises dans le cadre du code frontières Schengen ou du droit communautaire sont au nombre de trois : procédure de réadmission en cas de violation des règles d'entrée sur le territoire des États parties (art. L. 531-1), reconduite d'office à la frontière pour l'étranger signalé au SIS ou faisant l'objet d'une mesure d'éloignement exécutoire prise par un autre État (art. L. 531-3) et remise à l'État responsable de la demande de l'étranger qui sollicite l'asile (art. L. 531-2).

On précisera enfin que la loi du 16 juin 2011 a procédé à une nouvelle réduction du champ de la reconduite à la frontière puisqu'elle ne concerne que les étrangers présents en France depuis moins de trois mois et qu'elle ne vise que deux cas de figure : la menace pour l'ordre public d'une part et, d'autre part l'exercice d'une activité professionnelle salariée en France à défaut d'avoir obtenu l'autorisation de travail mentionnée au 2° de l'article L. 5221-2 C. trav.

Compte tenu des différences de procédure qui les caractérisent, on étudiera successivement le régime applicable à l'obligation de quitter le territoire (section 1), aux mesures spécifiquement prises dans le cadre de l'UE et de la Convention de Schengen (section 2) et aux différents types d'expulsion (section 3). Il conviendra enfin de mentionner les mesures connexes aux décisions d'éloignement (section 4).

Section 1
L'obligation de quitter le territoire

Innovation introduite par la loi « Sarkozy » du 24 juill. 2006, l'OQTF avait été conçue dans un souci de simplification des procédures. Conscient du fait que les étrangers sous le coup d'une mesure de reconduite à la frontière introduisaient quasi systématiquement un recours contre la mesure d'éloignement, mais encore à l'encontre de la décision (négative) relative au séjour et de la décision distincte fixant le pays de destination (V. *infra*), le législateur a choisi de réunir en un seul acte ces trois décisions. Il n'est toutefois pas certain que le législateur ait réellement atteint son but en raison de la relative complexité du nouveau mécanisme mis en place et de l'enchevêtrement des procédures dans la mesure où l'OQTF n'avait pas fait disparaître la reconduite à la frontière. C'est la raison pour laquelle la loi du 16 juin 2011 a réformé l'art. L. 511-1 en prévoyant désormais que l'OQTF est la seule mesure applicable aux étrangers en situation irrégulière. Elle a par ailleurs précisé que les dispositions de l'article L. 511-1 ne sont pas applicables aux ressortissants européens et aux membres de leur famille qui relèvent de l'article L. 511-3-1.

Il convient donc de distinguer les hypothèses dans lesquelles les mesures d'obligation de quitter le territoire et d'interdiction de retour peuvent intervenir (I.), analyser la procédure administrative et contentieuse les régissant (II.) pour évoquer enfin les modalités de leur exécution (III.), c'est-à-dire notamment la fixation du pays de destination (qui concerne d'ailleurs également les autres mesures d'éloignement) et l'intervention éventuelle d'une décision d'assignation à résidence.

I – Champ d'application

L'art. L. 511-1 fixe les hypothèses d'intervention de l'obligation de quitter le territoire français (A), réserve faite des étrangers protégés contre cette mesure (B). Le législateur de 2011 a en outre prévu que l'OQTF pouvait être assortie d'une interdiction de retour (C).

A – Cas d'ouverture de l'OQTF

Aux termes de l'art. L. 511-1-II, un étranger peut faire l'objet d'une OQTF, qui doit désormais en principe être motivée, dans trois cas de figure.

Il s'agit en premier lieu de l'étranger qui est **entré irrégulièrement sur le territoire** (I-1° et art. L. 511-2 s'agissant de la violation du Code frontières Schengen) sauf, logiquement, s'il est détenteur d'un titre de séjour. Encore convient-il que l'irrégularité de l'entrée de l'étranger soit clairement avérée et que l'intéressé soit soumis à cette condition (ce qui n'est pas le cas, par exemple, des mineurs). L'irrégularité de l'entrée peut en revanche être opposée aux demandeurs d'asile déboutés puisqu'il est expressément prévu que l'autorisation provisoire de séjour qui leur est délivrée pour leur permettre de saisir l'OFPRA n'a pas pour effet de régulariser leur entrée en France (V. supra art. L. 311-5).

L'OQTF pourra ensuite intervenir en cas de **maintien** irrégulier, c'est-à-dire au-delà de la durée de validité du visa (I-2°) ou à l'expiration d'un délai de trois mois à compter de l'entrée en France sans être titulaire d'un premier titre de séjour régulièrement délivré. À noter que l'art. L. 511-3 étend l'applicabilité de ces dispositions à l'étranger qui n'est pas ressortissant d'un État membre de l'UE si, en provenance directe du territoire d'un des États parties à la convention signée à Schengen le 19 juin 1990, il s'est maintenu sur le territoire métropolitain sans se conformer aux dispositions du Code frontières Schengen. Pourra encore faire l'objet d'une OQTF l'étranger qui s'est maintenu plus d'un mois sur le territoire sans avoir procédé à la demande de renouvellement de son titre de séjour (I-4°) ou en présence d'une demande tardive.

Enfin, en cas de **refus de délivrance ou de renouvellement** d'un titre de séjour (I-3°), d'un récépissé de demande de titre de séjour ou d'une autorisation provisoire de séjour (I-5°) a été refusé à l'étranger ou si le document en cause lui a été retiré, l'intéressé pourra se voir soumis à une OQTF.

B – Étrangers protégés

Au-delà du mineur étranger, qui ne peut faire l'objet d'aucune mesure d'éloignement, les autres étrangers visés par l'art. L. 511-4 doivent justifier d'une durée de résidence, de liens familiaux ou de considérations tenant à leur état de santé.

1. Durée de résidence

Trois cas de figure doivent ici être distingués selon que l'étranger justifie par tous moyens résider habituellement en France depuis qu'il a atteint au plus l'âge de treize ans, qu'il y réside régulièrement depuis plus de dix ans (sauf s'il a été, pendant toute cette période, titulaire d'une carte de séjour temporaire portant la mention « étudiant ») ou qu'il y réside régulièrement depuis plus de vingt ans.

Si les textes distinguent la résidence dite « habituelle » de la résidence « régulière », il ne s'agit pas d'une élégance de style. En effet, la résidence est considérée comme « régulière » lorsqu'elle a satisfait aux conditions posées par le CESEDA pour autoriser le séjour en France et c'est à l'étranger d'administrer la preuve de la régularité du séjour. En second lieu, il appartient à l'étranger de produire tout document attestant de la durée de résidence, ce qui peut s'avérer d'une redoutable difficulté.

2. Liens familiaux

Sont ici visés les *parents d'enfants français* qui établissent contribuer effectivement à l'entretien et à l'éducation de l'enfant dans les conditions prévues par l'article 371-2 du C. civ. depuis la naissance de celui-ci ou depuis au moins deux ans. À noter que la légalité de la mesure d'éloignement s'apprécie à la date à laquelle elle a été prise ; ainsi, par exemple, la naissance d'un enfant français postérieurement à la mesure n'a aucun effet sur la légalité de celle-ci.

La protection concerne encore *l'étranger marié depuis au moins trois ans avec un conjoint de nationalité française*, à condition que la communauté de vie n'ait pas cessé depuis le mariage et que le conjoint ait conservé la nationalité française et enfin l'étranger qui réside régulièrement en France depuis plus de dix ans et qui est *marié depuis au moins trois ans avec un ressortissant étranger*, lui-même résidant habituellement en France depuis qu'il a atteint au plus l'âge de 13 ans. On remarquera que les textes retiennent une conception stricte puisque seule l'union matrimoniale est ici retenue, à l'exclusion notamment de périodes antérieures de concubinage.

3. État de santé

Avant même l'intervention du législateur, la Commission EDH avait considéré qu'une mesure d'éloignement frappant les étrangers majeurs souffrant d'un handicap physique ou mental vers un pays insusceptible d'offrir des garanties d'accueil appropriées était contraire à l'art. 3 de la Conv. EDH. Le juge administratif avait également devancé les dispositions législatives en concluant à l'erreur manifeste d'appréciation commise par le préfet qui avait décidé la reconduite à la frontière d'un étranger atteint du VIH.

La condition relative à l'état de santé du demandeur a fait l'objet d'une modification importante par la loi du 16 juin 2011. Jusqu'à ce texte, le juge se livrait à une appréciation *in concreto* s'agissant en particulier de la prise en compte de considérations financières (ex. coût du traitement sensiblement plus élevé dans le pays d'origine) ou pratiques (éloignement potentiel des lieux de soins ; situation sanitaire du pays d'origine ; situation politiquement troublée). À cet égard, la jurisprudence la plus récente du Conseil d'État avait insisté sur la notion d'effectivité de la possibilité des soins à l'étranger. La situation a été désormais "clarifiée" par le législateur dans le sens d'un net durcissement puisque la protection ne pourra s'appliquer que dans la mesure de la constatation de l'absence du traitement approprié dans le pays de renvoi (sauf circonstance humanitaire exceptionnelle).

Bénéficie encore de la protection l'étranger titulaire d'une *rente d'accident du travail ou de maladie professionnelle* servie par un organisme français et dont le taux d'incapacité permanente est égal ou supérieur à 20 %.

C – Interdiction de retour

Il existait traditionnellement une différence de nature entre l'OQTF (et l'ancienne reconduite à la frontière) et les mesures d'expulsion s'agissant des effets respectifs de ces deux séries d'actes. En effet, l'OQTF constitue en principe une mesure à effet instantané, c'est-à-dire qu'elle produit tous ses effets lors de sa mise à exécution alors que la mesure d'expulsion interdit le retour en France de l'étranger qui en est l'objet.

Cette différence est désormais sensiblement atténuée dès lors que le III. de l'art. L. 511-1 prévoit la possibilité pour l'autorité administrative d'assortir l'OQTF d'une mesure motivée d'interdiction de retour. Cette mesure entraîne en réalité l'impossibilité pour l'étranger concerné de se présenter sur n'importe quel point de l'espace Schengen puisqu'elle s'accompagne nécessairement du signalement de celui-ci aux fins de non-admission dans le système d'information Schengen (SIS).

Le prononcé d'une interdiction de retour pourra intervenir dans deux séries d'hypothèses, l'autorité administrative n'étant jamais ici en situation de compétence liée : l'étranger n'a pas respecté le délai de départ volontaire qui lui avait été imparti par l'OQTF ; dans cette première hypothèse, l'interdiction de retour ne pourra excéder une durée de deux ans à compter de sa notification. L'interdiction de retour apparaît ici comme une “sanction” complémentaire destinée à amplifier les effets de l'OQTF en raison de la mauvaise volonté – présumée – de l'étranger concerné. Mais une interdiction de retour peut également assortir l'OQTF indépendamment du comportement, à ce stade, de l'étranger. Elle sera d'une durée de trois ans lorsqu'aucun délai de départ n'a été accordé et de deux ans dans le cas contraire. Si l'étranger a bravé l'interdiction de retour (maintien sur le territoire ou retour en France malgré l'interdiction), celle-ci pourra être prolongée pour une durée supplémentaire de deux années au plus.

Cette mesure d'interdiction de retour doit satisfaire aux exigences du principe de proportionnalité puisqu'elle ne peut intervenir qu'en prenant en considération la durée de présence de l'étranger sur le territoire français, la nature et l'ancienneté de ses liens avec la France, la circonstance qu'il a déjà fait l'objet ou non d'une mesure d'éloignement et la menace pour l'ordre public que représente sa présence sur le territoire français.

Enfin, à l'instar du régime applicable à l'expulsion, le législateur a prévu que l'interdiction de retour pouvait être abrogée par l'autorité administrative, soit de sa propre initiative, soit à la demande de l'étranger.

II – Procédure

Le législateur en 2006 avait prévu la possibilité d'un recours unique contre la décision négative relative au séjour, la mesure d'éloignement, en l'occurrence l'OQTF et la décision fixant le pays de destination (V. *infra*). Cette innovation n'avait toutefois pas contribué à soulager la charge des juridictions administratives (le taux de recours contre les OQTF est de l'ordre de 50 %). La loi de 2011 cherche ainsi à tirer les leçons de cet échec.

A – Exclusivité relative de la procédure

Dans la mesure où l'OQTF est principalement fondée sur l'irrégularité de la situation de l'étranger, la loi organise un recours unique contre l'ensemble des décisions ayant abouti à la mesure d'éloignement (V. art. R. 776-1 CJA) : séjour, délai de départ volontaire, interdiction de retour, fixation du pays de destination, assignation à résidence ou rétention administrative.

Le recours présente un caractère suspensif de plein droit : tant que le tribunal administratif n'a pas statué, la mesure d'éloignement ne peut être mise à exécution. À noter que si la demande d'aide juridictionnelle suspend le délai de recours, elle n'a pas pour effet d'empêcher l'exécution d'office de la mesure d'éloignement.

Si l'étranger entend contester non seulement la mesure d'éloignement mais les décisions qui en constituent le fondement (décisions relatives au séjour) ou la conséquence (par ex. s'agissant du délai de départ volontaire, de l'interdiction de retour ou de la fixation du pays de destination), les conclusions peuvent être présentées dans la même requête (art. R. 776-6 CJA).

Rien n'interdit toutefois à l'intéressé d'introduire des recours distincts contre chacune de ces décisions, à charge d'articuler ses moyens propres à chacune d'entre elles. Par ailleurs, les procédures d'urgence (notamment le référé liberté) restent applicables. Il en va de même de l'exercice, par le juge administratif, de son pouvoir d'injonction qui se réalise dans les mêmes conditions qu'en matière de refus de visa, s'agissant notamment de l'appréciation d'un changement éventuel des circonstances de droit ou de fait.

B – Délai de départ et délai recours

Le dispositif mis en place par l'art. L. 511-1 repose par principe sur la bonne volonté de l'étranger qui dispose d'un délai de trente jours pour quitter le territoire français spontanément. La loi de 2011 a même prévu la possibilité pour l'autorité administrative d'accorder un délai de départ volontaire supérieur à trente jours pour tenir compte de la particularité d'une situation individuelle.

Ce n'est que dans l'hypothèse où ce délai n'est pas respecté que l'OQTF peut faire l'objet d'une exécution d'office (V. art. L. 513-1) et, le cas échéant, d'une mesure de rétention administrative (V. *infra*).

Reste que l'autorité administrative dispose de la possibilité d'ordonner la mise à exécution immédiate de l'OQTF dans trois hypothèses, transposant les dispositions de l'article 7 § 4 de la directive « retour » n° 2008/115/CE du 16 déc. 2008 : la personne concernée constitue un danger pour l'ordre public (II-1°) ; la demande de titre de séjour est entachée de fraude ou non fondée (II-2°) ; il existe un risque de fuite (II-3°).

La suppression du délai de départ entraîne des conséquences importantes puisque, d'une part, elle ouvre droit à l'intervention d'une mesure d'assignation à résidence ou de rétention administrative et, d'autre part, réduit sensiblement le délai de recours (ramené à 48 heures, V. *infra*).

Le législateur a distingué trois régimes contentieux selon la nature de la mesure en cause ou la situation de l'étranger :

• OQTF avec délai de départ volontaire : délai de 30 jours pour saisir le juge sauf si l'intéressé est placé en rétention administrative ou est assigné à résidence ; le tribunal dispose de trois mois pour statuer ;

• OQTF sans délai : délai de recours de quarante-huit heures ; le tribunal dispose de trois mois pour statuer ;

• Étranger placé en rétention administrative ou assigné à résidence : délai de saisine de quarante-huit heures ; le tribunal dispose de soixante-douze heures pour statuer.

Ces délais de recours ne sont susceptibles d'aucune prorogation, même en présence d'un recours administratif (art. R. 776-5 CJA).

Les décisions rendues en première instance peuvent faire l'objet d'un appel, non suspensif, dans un délai d'un mois de la notification (art. R. 776-9 CJA). Il court à compter du jour où le jugement a été notifié à la partie intéressée. Le requérant peut solliciter le sursis à exécution du jugement dans les conditions de droit commun (art. R. 811-14 et R. 811-17 CJA).

C – Exercice du contrôle juridictionnel

Par analogie avec la jurisprudence antérieure à la loi du 16 juin 2011 relative au contrôle de la légalité interne des arrêtés de reconduite à la frontière, les mesures d'OQTF doivent à l'évidence respecter le droit de l'intéressé à mener une vie personnelle et familiale normale. Mais, au-delà même de cette stipulation, le juge a exercé depuis le début des années 1990 un contrôle de l'erreur manifeste d'appréciation en recherchant si l'arrêté préfectoral de reconduite à la frontière n'était pas de nature à comporter, pour la situation personnelle de l'intéressé (état de santé, activité professionnelle, études), des conséquences d'une exceptionnelle gravité. Cette jurisprudence semble transposable au contrôle des mesures d'OQTF.

Cette jurisprudence doit être lue tout d'abord à la lumière de l'énumération des étrangers protégés directement par le code dans la mesure où ce sont sensiblement les mêmes catégories d'étrangers qui seront concernées. On constate en effet que le juge annulait les arrêtés de reconduite à la frontière dans trois hypothèses : pour des considérations liées à l'état de santé du requérant ou de ses proches tout d'abord, l'erreur manifeste d'appréciation était en particulier reconnue lorsque la preuve était rapportée de la nécessité des soins en France et qu'il était impossible à l'étranger ou au membre de sa famille qu'il assiste de voyager sans danger pour sa santé.

En deuxième lieu, des considérations tirées de la bonne intégration de l'étranger et de la durée de sa résidence en France pouvaient justifier l'annulation de la reconduite à la frontière. Il en allait ainsi notamment lorsque l'étranger disposait d'un emploi, était intégré dans la vie sociale et avait manifestement réalisé des efforts pour réussir son intégration.

Enfin, l'erreur manifeste d'appréciation intervenait encore en complément des stipulations de l'art. 8 Conv. EDH. Il y avait là en effet une jurisprudence très empirique qui privilégiait parfois le contrôle tiré de l'erreur manifeste d'appréciation alors que la violation du droit à mener une vie familiale normale aurait pu suffire à justifier l'annulation contentieuse de la mesure de reconduite à la frontière.

Section 2
Les mesures prises dans le cadre de l'Union européenne et de la convention de Schengen

La « communautarisation » croissante du droit des étrangers a conduit à l'apparition et au développement de procédures d'éloignement spécifiques : la remise à un État membre de l'UE (I) et la « reconduite Schengen » (II).

I – Procédure de remise à un État membre de l'UE

L'art. L. 531-1 prévoit que l'étranger non ressortissant d'un État membre de l'UE qui a pénétré ou séjourné irrégulièrement en France peut être remis aux autorités compétentes de l'État membre qui l'a admis à entrer ou à séjourner sur son territoire, ou dont il provient directement. Ce régime s'applique également aux demandeurs d'asile dont la demande relève de la compétence d'un autre État en application de l'art. L. 741-4-1° (V. *supra*).

L'étranger est informé de cette remise par décision écrite et motivée, laquelle peut être exécutée d'office par l'administration après que l'étranger a été mis en mesure de présenter des observations et d'avertir ou de faire avertir son consulat, un conseil ou toute personne de son choix. Cette procédure n'offre ainsi guère de garanties aux étrangers qui en sont l'objet. Si les intéressés ne peuvent faire l'objet d'une mesure d'assignation à résidence, ils peuvent être soumis à une rétention administrative le temps d'accomplir les formalités nécessaires à leur départ.

Cette mesure repose soit sur des conventions bilatérales soit sur des accords de réadmission signés par l'UE avec des pays tiers (V. *supra*).

Sans préjudice de la possibilité du placement en rétention administrative, le préfet ou, à Paris, le préfet de police qui constate l'existence d'une mesure d'éloignement exécutoire prise en raison de l'existence d'une menace grave pour l'ordre public à l'encontre d'un étranger titulaire du statut de résident longue durée-CE accordé par un autre État membre de l'UE, consulte cet État membre aux fins de l'examen du droit au séjour sur son territoire. Après notification à l'intéressé de la décision de retrait du droit au séjour prise par l'État membre qui avait accordé le statut de résident longue durée-CE, le préfet ou, à Paris, le préfet de police procède à l'exécution de la mesure d'éloignement.

II – Reconduite « Schengen »

L'art. L. 531-3 met en place ce que l'on a coutume d'appeler la « reconduite d'office Schengen » qui concerne les étrangers non ressortissants d'un État membre de l'UE se trouvant irrégulièrement sur le territoire métropolitain et ayant fait l'objet soit d'un signalement aux fins de non-admission en vertu d'une décision exécutoire prise par l'un des autres États parties à la convention de Schengen soit d'une mesure d'éloignement exécutoire prise dans l'un des cas suivants : menace grave et actuelle pour l'ordre public ou la sécurité nationale dans le cas où l'intéressé a fait l'objet d'une condamnation par l'État membre qui lui a délivré le titre de séjour pour une infraction passible d'une peine privative de liberté d'au moins un an ou lorsqu'il existe soit des raisons sérieuses de croire qu'il a commis des faits punissables graves, soit des indices réels qu'il envisage de commettre de tels faits sur le territoire d'un État membre ; non-respect de la réglementation nationale relative à l'entrée et au séjour des étrangers.

Lorsque la mesure d'éloignement est fondée sur une menace à l'ordre public, l'intéressé peut se voir retirer son titre de séjour après consultation de l'État membre auteur de la décision d'éloignement et de l'État membre qui a délivré ce titre. Sans attendre le retrait du titre de séjour, il peut ordonner le placement en rétention administrative en vue de l'exécution de la mesure d'éloignement. Après notification à l'intéressé de la décision de retrait du titre de séjour, le préfet de département et, à Paris, le préfet de police procède à l'exécution de la mesure d'éloignement.

Dans le même esprit, si le préfet de département et, à Paris, le préfet de police constate qu'un étranger titulaire d'un titre de séjour délivré par les autorités françaises fait l'objet d'une mesure d'éloignement exécutoire prise par un autre État membre pour menace à l'ordre public, il consulte l'État auteur de la mesure aux fins de s'assurer du caractère exécutoire de celle-ci et engage sans délai l'examen du retrait du titre de séjour.

En ces matières, le législateur a entendu instituer une procédure de reconduite à la frontière spécifique. Dès lors, seul le recours pour excès de pouvoir de droit commun est ouvert à l'encontre de ces mesures de reconduite d'office qui ne connaissent pas d'étrangers protégés au sens de l'art. L. 511-4 puisqu'il ne s'agit pas d'une mesure d'éloignement au titre du code.

Le juge administratif fait porter son contrôle sur l'existence, la nature et le caractère exécutoire de la décision de non admission ; ainsi, et par analogie, en présence d'un refus de visa fondé sur l'inscription de l'intéressé au SIS, le juge administratif est fondé à ordonner avant-dire droit au ministre des Affaires étrangères la communication de tous éléments relatifs à cette inscription et notamment l'indication de l'autorité nationale qui a procédé au signalement ainsi que son motif. En revanche, il est impossible de réaliser un contrôle de fond, par voie d'exception, de la décision étrangère.

Section 3
Les différents types d'expulsion

La réserve d'ordre public apparaît comme une constante du droit des étrangers dont l'expulsion constitue le symbole. Considérée comme un acte exprimant la souveraineté de l'État, l'expulsion a été longtemps qualifiée par le juge comme un acte « de haute police » insusceptible de contrôle juridictionnel. Il faut ainsi attendre 1884 pour que le Conseil d'État accepte un recours formé contre une expulsion. Jusque dans les années soixante-dix, le contentieux de l'expulsion était caractérisé par l'absence de tout contrôle des motifs, le juge se contentant de vérifier l'exactitude matérielle des faits et l'erreur de droit. Ce n'est que par la suite que le contrôle s'est étendu à l'erreur manifeste d'appréciation. Reste que les annulations pour erreur manifeste d'appréciation sont tout à fait exceptionnelles.

L'expulsion n'a pas le caractère d'une sanction mais constitue une mesure de police exclusivement destinée à protéger l'ordre et la sécurité publics. Elle reste par conséquent hors du champ du droit au procès équitable prévu par l'art. 6 Conv. EDH. Ce caractère préventif est toutefois atténué par la prise en compte d'un comportement continu de l'intéressé ; l'expulsion peut en effet intervenir pour mettre fin, pour l'avenir, à un comportement jugé gravement contraire à l'ordre public, notamment lors de la commission répétée d'infractions pénales. Le Conseil constitutionnel a d'ailleurs considéré que l'expulsion est une mesure qui restreint l'exercice d'une liberté publique.

La référence à l'ordre public permet aujourd'hui d'opérer une gradation car il existe, au-delà d'un certain nombre de règles communes (I) désormais trois hypothèses d'expulsion : tout d'abord l'expulsion justifiée par la menace grave pour l'ordre public dite expulsion « simple » (II) ; ensuite, les régimes dérogatoires (III), à savoir l'expulsion pour nécessité impérieuse pour la sûreté de l'État ou la sécurité publique (art. L. 521-2) et, hypothèse la plus grave, en cas de comportement de nature à porter atteinte aux intérêts fondamentaux de l'État ou liés à des activités à caractère terroriste ou constituant des actes de provocation explicite et délibérée à la discrimination, à la haine ou à la violence contre une personne déterminée ou un groupe de personnes (art. L. 521-3). Cette diversité révèle une gradation dans la gravité du comportement de l'intéressé et, par suite, une diminution progressive des garanties offertes : procédure et étrangers insusceptibles d'éloignement.

I – Règles communes

Trois séries de dispositions s'appliquent, à des degrés divers, à l'ensemble des expulsions : les règles de procédure (A), les modalités d'exercice du contrôle juridictionnel (B) et les dispositions applicables à l'abrogation des arrêtés d'expulsion (C).

A – Procédure d'expulsion

Les différentes catégories d'expulsion obéissent à des règles communes en matière de compétence et de motivation (1). Par ailleurs, hors urgence absolue (3), l'expulsion ne peut intervenir qu'après consultation de la commission d'expulsion (2)

1. Compétence et motivation

L'autorité administrative compétente pour prononcer l'expulsion « simple » est le préfet de département et, à Paris, le préfet de police. La compétence du ministre de l'Intérieur est désormais limitée aux arrêtés d'expulsion pris en application des articles L. 521-2 (nécessité impérieuse) ou L. 521-3 (atteinte aux intérêts fondamentaux de l'État).

L'arrêté d'expulsion doit satisfaire à l'exigence de motivation. En effet, en tant que mesure de police restreignant l'exercice d'une liberté publique, l'arrêté d'expulsion doit mentionner l'ensemble des considérations de droit et de fait (sans que le juge exige leur énumération détaillée). La simple reprise de manière littérale du texte du CESEDA constitue ainsi une motivation insuffisante.

L'arrêté d'expulsion doit indiquer la possibilité pour l'intéressé d'introduire, dans un délai de deux mois, un recours pour excès de pouvoir devant le tribunal administratif et un document écrit comportant la mention des indications précitées doit être remis à l'intéressé. À défaut, la notification n'est pas de nature à faire courir le délai de recours contentieux.

2. Bulletin spécial et commission d'expulsion

L'expulsion ne peut être prononcée qu'après que l'étranger ait été convoqué pour être entendu par la Commission d'expulsion. Cette condition n'est écartée qu'en cas d'urgence absolue (art. L. 522-1, V. ci-dessous).

Lorsque l'autorité administrative envisage de procéder à une expulsion, elle doit d'abord en informer l'intéressé par la notification, quinze jours au moins avant la date prévue pour la réunion de la commission, d'un *« bulletin spécial »* qui mentionne notamment les raisons de l'expulsion, indique la date et l'heure de la réunion de la Commission d'expulsion en précisant que les débats y sont publics, que l'étranger peut s'y faire assister d'un conseil et d'un interprète et qu'il peut demander le bénéfice de l'aide juridictionnelle. Le bulletin spécial doit encore mentionner que l'étranger ou son conseil peut demander communication du dossier et indiquer les voies de recours qui seraient ouvertes si l'arrêté d'expulsion était pris.

La commission se compose du président du tribunal de grande instance du chef-lieu du département ou d'un juge délégué par lui, Président, d'un magistrat désigné par l'assemblée générale du tribunal de grande instance du chef-lieu du département et d'un conseiller du tribunal administratif. Le chef du service des étrangers à la préfecture assure les fonctions de rapporteur ; le directeur départemental de l'action sanitaire et sociale ou son représentant est entendu par la commission ; ils n'assistent pas à la délibération de la commission. Cette composition doit en outre satisfaire au respect du principe d'impartialité.

Les débats de la commission sont publics sauf si son Président décide, pour des motifs d'ordre public de siéger à huis clos ; la même possibilité est ouverte à la demande de l'étranger lui-même. Devant la commission, l'étranger peut faire valoir toutes les raisons qui militent contre son expulsion.

L'avis de la commission doit être rendu dans le délai d'un mois. La violation de ce délai entraîne le dessaisissement de la Commission et l'impossibilité pour l'autorité administrative de prendre l'arrêté d'expulsion. La motivation de l'avis de la commission d'expulsion constitue une formalité substantielle ; en s'abstenant d'énoncer les éléments de fait qui justifient une expulsion, la commission n'a pas émis un avis motivé, ce qui entache l'arrêté d'expulsion d'illégalité.

L'avis rendu par la commission a le caractère d'un acte préparatoire à la décision de l'autorité administrative qui ne lie pas l'administration et ne saurait par suite, faire l'objet d'un recours pour excès de pouvoir.

3. Urgence absolue

S'il y a urgence absolue à prononcer et exécuter l'expulsion de l'étranger, les garanties procédurales évoquées ci-dessus disparaissent. L'urgence absolue ne remet évidemment pas en cause la nécessité d'attester de la menace contre l'ordre public représentée par la présence en France de l'étranger. Simplement, les circonstances de fait doivent justifier l'impossibilité matérielle de différer l'expulsion de l'intéressé et c'est à l'autorité administrative d'en apporter la preuve. En effet, la procédure de droit commun, compte tenu du délai de convocation de l'intéressé devant la commission et de la notification de l'avis rendu et de l'arrêté d'expulsion peut durer de 3 semaines à 2 mois.

La notion d'urgence absolue s'apprécie à la date de l'arrêté d'expulsion et la condition tenant à la gravité du comportement de l'intéressé rejoint ici l'appréciation de l'urgence ; en effet, si les faits reprochés à l'étranger sont trop anciens, le juge censurera l'arrêté d'expulsion. Constitue un cas « classique » d'urgence absolue la libération imminente de l'étranger. En revanche, l'urgence absolue disparaît lorsque l'étranger a déjà été libéré.

La gravité des faits peut encore résulter d'une dangerosité croissante de l'individu. Ainsi, la gravité de certains actes est telle que l'urgence absolue en découle presque logiquement. C'est le cas du trafic de drogue, mais aussi du trafic d'armes, de l'espionnage ou du terrorisme.

Toutefois, l'autorité administrative n'est pas fondée à invoquer l'urgence absolue pour justifier son propre retard. Plus largement, le défaut d'urgence résulte parfois des éléments mêmes de l'affaire ; c'est le cas par exemple quand un long délai s'écoule entre la prise de l'arrêté d'expulsion et sa notification ou lorsque l'étranger fait l'objet d'une mesure d'assignation à résidence.

L'urgence absolue n'est parfois invoquée que pour éviter d'avoir à consulter la commission d'expulsion. Elle constitue alors un véritable détournement de procédure.

B – Exercice du contrôle juridictionnel

L'arrêté d'expulsion peut faire l'objet d'un recours pour excès de pouvoir dans le délai de droit commun. Dans son appréciation de la menace grave pour l'ordre public, l'autorité administrative doit tenir compte des conséquences de la mesure d'éloignement sur la vie personnelle et familiale de l'étranger.

Le juge exerce un contrôle normal sur l'arrêté d'expulsion lorsque celui-ci porte atteinte au droit de l'étranger à séjourner en France, comme c'est le cas par exemple des citoyens européens. Il en va de même s'agissant de l'examen des motifs justifiant une expulsion fondée sur une menace grave pour l'ordre public. Il exerce un contrôle de proportionnalité entre la menace à l'ordre public et le droit à mener une vie familiale normale.

1. Contrôle de proportionnalité

Ce contrôle de proportionnalité entre la nécessité de la mesure et les conséquences de celle-ci sur la situation personnelle et familiale de l'étranger est extrêmement complexe et consiste en réalité à déterminer le seuil de gravité tolérable en fonction du degré d'intégration de l'étranger. C'est tout particulièrement le cas s'agissant d'étrangers qui sont nés en France (immigrés dits de la deuxième génération) ou y ayant vécu la plus grande partie de leur vie ; ces personnes n'ont en général plus aucun lien avec leur pays d'origine mais la gravité de leur comportement pourra néanmoins justifier leur éloignement. Autrement dit, la totale immersion d'un étranger en France depuis sa naissance ne suffit pas à faire oublier sa nationalité étrangère et l'expose ainsi à ce que l'on dénomme fréquemment la « double peine », c'est-à-dire la condamnation pénale, que l'étranger purgera en tout ou partie en France, et la mesure d'expulsion qui interviendra à la libération de l'intéressé.

Reste qu'en présence du même comportement pénal, un étranger célibataire, sans liens familiaux en France et disposant de liens dans son pays d'origine fera l'objet d'une expulsion tandis que l'étranger disposant en France de l'essentiel de son tissu relationnel et familial sera, le cas échéant, protégé contre une telle mesure.

2. Procédures d'urgence

Le contentieux de l'expulsion laisse une place non négligeable aux procédures d'urgence. À cet égard, le juge considère que l'urgence est ici présumée, sauf circonstances contraires (ex. une mesure d'assignation à résidence qui exclut la mise en application immédiate de l'expulsion ou le fait que l'étranger incarcéré ne sortira de prison que plusieurs mois ou plusieurs années après l'arrêté d'expulsion).

Un étranger peut valablement introduire une requête en référé-suspension contre un arrêté d'expulsion puisqu'il n'existe, à la différence de l'OQTF, aucune procédure contentieuse particulière pour contester ces arrêtés et, en particulier, aucun recours suspensif de plein droit. Une telle requête reste recevable alors même que l'arrêté a été mis à exécution puisque celle-ci interdit le retour sur le territoire national jusqu'à une éventuelle abrogation de l'arrêté. La suspension ne sera prononcée par le juge qu'en présence d'une illégalité manifeste et impliquera que la situation de l'étranger concerné soit régularisée.

Le juge a également accueilli des conclusions aux fins de référé-liberté. En effet, la condition de gravité de l'atteinte portée à la liberté de vivre avec sa famille doit être regardée comme remplie dans le cas où la mesure d'éloignement peut faire l'objet d'une exécution d'office par l'administration, n'est pas susceptible de recours suspensif et fait directement obstacle à la poursuite de la vie en commun des membres d'une famille.

3. Conséquences de l'annulation

L'annulation d'un arrêté d'expulsion fait revivre à la date de cet arrêté et pour la durée qui restait à courir à cette date, le titre de séjour que l'expulsion avait abrogé. Mais cette annulation n'ouvre aucun droit pour l'étranger à revenir sur le territoire national. Si, entre la date de l'expulsion et celle de la décision annulant l'arrêté, la validité du titre de séjour de l'étranger est expirée, celui-ci doit à nouveau satisfaire à l'ensemble des conditions d'entrée sur le territoire et, le cas échéant, le visa. Si, à l'expiration de la validité du titre de séjour, le demandeur bénéficie du renouvellement de plein droit, l'exécution de la décision par laquelle l'arrêté d'expulsion est annulé implique nécessairement qu'il soit mis en possession du titre en cause, lorsque l'annulation est fondée sur la violation de l'art. 8 Conv. EDH.

C – L'abrogation de l'arrêté d'expulsion

Dans la mesure où l'expulsion est un acte à effet continu, elle interdit à l'étranger qui en est frappé de revenir sur le territoire national, sous peine de sanctions pénales. Il en résulte que la seule possibilité pour mettre fin aux effets d'un arrêté d'expulsion consiste à en obtenir l'abrogation.

Il convient de préciser à titre liminaire que les motifs de l'arrêté d'expulsion donnent lieu à un réexamen tous les cinq ans à compter de la date d'adoption de l'arrêté. L'autorité compétente tient compte de l'évolution de la menace pour l'ordre public que constitue la présence de l'intéressé en France, des changements intervenus dans sa situation personnelle et familiale et des garanties de réinsertion professionnelle ou sociale qu'il présente, en vue de prononcer éventuellement l'abrogation de l'arrêté. L'étranger peut présenter des observations écrites.

À défaut de notification à l'intéressé d'une décision explicite d'abrogation dans un délai de deux mois, ce réexamen est réputé avoir conduit à une décision implicite de ne pas abroger. Cette décision est susceptible de recours. Le réexamen ne donne pas lieu à consultation de la commission d'expulsion.

1. Procédure

L'arrêté d'expulsion peut à tout moment être abrogé par l'autorité qui l'a pris. Lorsque la demande d'abrogation est présentée à l'expiration d'un délai de cinq ans à compter de l'exécution effective de l'arrêté d'expulsion, elle ne peut être rejetée qu'après avis de la commission d'expulsion, devant laquelle l'intéressé peut se faire représenter.

Le silence gardé pendant plus de quatre mois sur une demande d'abrogation d'un arrêté d'expulsion vaut décision de rejet.

Il ne peut être fait droit à une demande d'abrogation d'un arrêté d'expulsion présentée plus de deux mois après la notification de cet arrêté que si le ressortissant étranger réside hors de France (sauf si le ressortissant étranger subit en France une peine d'emprisonnement ferme ou lorsqu'il fait l'objet d'un arrêté d'assignation à résidence).

Le refus opposé à une demande d'abrogation d'un arrêté d'expulsion constitue une mesure de police qui doit être motivée en application de la loi du 11 juill. 1979.

2. Appréciation de la persistance de la menace à l'ordre public

Quand l'autorité administrative est saisie d'une demande d'abrogation d'un arrêté d'expulsion, il lui appartient d'apprécier si, à la date de la demande d'abrogation, l'étranger constitue toujours une menace pour l'ordre public en se livrant à un examen particulier du dossier de l'intéressé. Le juge tiendra compte de la gravité des faits qui avaient justifié l'expulsion ainsi que du comportement récidiviste de l'intéressé.

3. Contentieux du refus d'abrogation

Le refus d'abrogation de l'arrêté d'expulsion opposé par l'autorité administrative doit reposer à titre principal sur la persistance de la menace à l'ordre public mais doit également tenir compte de la situation personnelle de l'intéressé et notamment de son droit à mener une vie familiale normale. C'est sur ces bases que le juge peut être conduit à prononcer l'annulation du refus.

Le juge exerce sur le refus d'abrogation un contrôle de même nature que celui applicable à la mesure d'expulsion elle-même.

L'abrogation de l'arrêté d'expulsion a pour effet de présumer que l'intéressé n'est plus susceptible de troubler l'ordre public ; mais ceci n'exigera évidemment pas que l'étranger soit nécessairement admis à revenir sur le territoire national ; il devra en particulier respecter l'ensemble des conditions régissant l'entrée en France. Dès lors, l'entrée en France d'un étranger peut toujours être refusée en cas de menace « *simple* » et non « *grave* » pour l'ordre public.

II – L'expulsion « simple » (menace grave pour l'ordre public)

L'art. L. 521-1 met en œuvre le premier niveau d'expulsion, souvent qualifiée d'expulsion « simple ». Celle-ci présente plusieurs caractéristiques essentielles : en premier lieu, elle peut être prononcée en cas de menace « grave » pour l'ordre public. En deuxième lieu, et puisque la menace est simplement « grave », certaines catégories d'étrangers échappent à son champ d'application (art. L. 521-2). Enfin, cette première catégorie d'expulsion intervient indépendamment de toute considération relative à l'urgence ; elle peut donc laisser place à une procédure offrant de réelles garanties à l'étranger.

On étudiera ainsi la notion de menace grave pour l'ordre public (A) puis les étrangers protégés contre l'expulsion simple (B).

A – Notion de menace grave

La notion de menace grave ne peut s'assimiler à la commission d'une infraction pénalement sanctionnée : les infractions pénales commises par un étranger ne sauraient, à elles seules, justifier légalement une mesure d'expulsion et ne dispensent en aucun cas l'autorité compétente d'examiner, d'après l'ensemble des circonstances de l'affaire, si la présence de l'intéressé sur le territoire français est de nature à constituer une menace pour l'ordre et la sécurité publics. Ce principe d'indépendance entre expulsion et sanctions pénales s'explique simplement par le caractère préventif de la mesure de police qu'est l'expulsion. Dès lors, les infractions pénales commises par l'étranger ne sont ni nécessaires ni suffisantes.

Par ailleurs, et c'est une autre illustration de l'indépendance entre expulsion et infractions pénales, dès lors que la menace doit s'apprécier à la date de la décision, des faits ayant donné lieu à des condamnations amnistiées peuvent être pris en considération. De même, le fait qu'un étranger ait purgé la peine pour laquelle il avait été condamné n'entache pas nécessairement d'illégalité l'arrêté d'expulsion.

Reste que l'existence de condamnations pénales constitue souvent, aux yeux du juge, une justification de l'expulsion. L'expulsion pour menace grave a pu être valablement fondée sur des actes portant atteinte à l'intégrité physique des personnes, révélant ainsi la dangerosité de l'individu. Le trafic de stupéfiants constitue également une menace grave à l'ordre public.

Des infractions pénales de moindre gravité ne révèlent en revanche aucune menace « grave » contre l'ordre public (par ex. infraction à la législation sur les conditions d'entrée et de séjour des étrangers en France, non représentation d'enfant, racolage).

L'administration et le juge doivent envisager l'ensemble du comportement de l'intéressé ; ainsi, des infractions relativement mineures, mais d'une gravité croissante, démontrent la dangerosité de l'individu et justifient une expulsion pour menace grave à l'ordre public. La récidive constitue ainsi un élément d'appréciation déterminant, même s'il a pour effet d'atténuer sensiblement le caractère simplement préventif de l'expulsion.

Peu importe le motif invoqué par l'intéressé et, en particulier, le fait que la dangerosité de l'individu soit motivée par un combat politique. C'est ainsi « objectivement » que l'étranger constitue une menace grave pour l'ordre public.

B – Étrangers protégés contre l'expulsion simple

L'article L. 521-2 énumère par ailleurs les cinq catégories d'étrangers protégés : l'étranger, ne vivant pas en état de polygamie, qui est père ou mère d'un enfant français mineur résidant en France, à condition qu'il établisse contribuer effectivement à l'entretien et à l'éducation de l'enfant dans les conditions prévues par l'article 371-2 du code civil depuis la naissance de celui-ci ou depuis au moins un an ; l'étranger marié depuis au moins trois ans avec un conjoint de nationalité française, à condition que la communauté de vie n'ait pas cessé depuis le mariage et que le conjoint ait conservé la nationalité française ; l'étranger qui réside régulièrement en France depuis plus de dix ans, sauf s'il a été, pendant toute cette période, titulaire d'une carte de séjour temporaire portant la mention « étudiant » ; l'étranger titulaire d'une rente d'accident du travail ou de maladie professionnelle servie par un organisme français et dont le taux d'incapacité permanente est égal ou supérieur à 20 % ; enfin, le ressortissant d'un État membre de l'UE ou assimilé qui séjourne régulièrement en France depuis dix ans.

Il convient toutefois de préciser que ces protections tombent dès lors que l'étranger concerné a été condamné définitivement à une peine d'emprisonnement ferme au moins égale à cinq ans.

III – Les expulsions « dérogatoires »

Ces procédures « dérogatoires » visent toujours à permettre l'éloignement d'un étranger qui menace l'ordre public, mais l'urgence ou la gravité des faits qui lui sont reprochés justifient une diminution des garanties de procédure et de la protection contre l'éloignement. Il existe ainsi trois procédures : expulsion pour menace grave à l'ordre public et urgence absolue (art. L. 522-1-I), expulsion (avec ou sans urgence absolue) pour nécessité impérieuse pour la sûreté de l'État ou la sécurité publique (art. L. 521-2) et enfin, hypothèse la plus grave, en cas de comportements de nature à porter atteinte aux intérêts fondamentaux de l'État, ou liés à des activités à caractère terroriste, ou constituant des actes de provocation explicite et délibérée à la discrimination, à la haine ou à la violence contre une personne déterminée ou un groupe de personnes (art. L. 521-3).

A – Expulsion pour nécessité impérieuse pour la sûreté de l'État ou la sécurité publique

1. Appréciation de la nécessité impérieuse

Apparue pour la première fois avec la loi du 29 octobre 1981, la notion de « nécessité impérieuse » ne fait l'objet d'aucune définition légale. Elle n'avait été conçue au départ que pour permettre l'expulsion des terroristes, des espions et des trafiquants de drogue. En réalité, elle a été interprétée comme constituant un degré de gravité supplémentaire par rapport à la menace pour l'ordre public.

Son champ d'application s'est toutefois progressivement élargi, notamment à des actes portant atteinte à l'intégrité et à la sécurité des personnes. Ainsi, des infractions identiques ont pu justifier une expulsion pour « menace grave » et pour « nécessité impérieuse ». Le même constat pourra être réalisé s'agissant de la prise en compte d'un comportement récidiviste (succession d'infractions d'une gravité croissante). Indépendamment même de la répétition d'infractions, certains crimes ou délits justifient quasiment en tant que tels, une expulsion pour nécessité impérieuse : actes portant atteinte à la sécurité des personnes (coups et blessures volontaires avec arme, meurtre, homicide volontaire) mais surtout trafic de stupéfiants et activités terroristes. Ceci s'applique même si l'intéressé a été condamné pénalement et a purgé la plus grande partie de sa peine.

A contrario, des infractions d'une moindre importance, si elles peuvent justifier une expulsion « simple », ne sont pas de nature à légitimer l'expulsion pour nécessité impérieuse (proxénétisme « aggravé » ; comportement violent de l'intéressé qui avait entraîné des condamnations pénales pour coups et blessures). En tout état de cause, le juge vérifie bien l'existence de cette nécessité et l'on retrouve ici l'exercice d'un contrôle de proportionnalité entre la nécessité de la mesure d'éloignement et la volonté de réinsertion marquée par l'intéressé. L'autorité administrative doit en effet tenir compte des circonstances particulières et notamment du comportement de l'intéressé. L'estimation de l'atteinte à l'ordre public doit résulter d'une appréciation de l'ensemble du comportement de l'étranger et non pas seulement des condamnations pénales dont il a fait l'objet.

En tout état de cause, il appartient à l'autorité administrative d'apporter la preuve de cette nécessité, exigence qui rejoint l'obligation de motivation. Le juge exerce un contrôle normal sur la condition de nécessité impérieuse pour la sûreté de l'État ou la sécurité publique.

Le juge se montre particulièrement vigilant pour éviter tout détournement de procédure et sanctionne le recours abusif à la procédure de l'article L. 521-2 lorsqu'elle n'est en fait justifiée que par la volonté de parvenir à l'expulsion d'un étranger « protégé ». Toutefois, la circonstance que l'autorité administrative ait engagé antérieurement la procédure d'expulsion « simple », et que la commission prévue à l'article L. 522-1 ait émis, dans le cadre de cette procédure, un avis défavorable à l'expulsion du requérant, est en elle-même sans influence sur la légalité de l'arrêté d'expulsion dès lors que les conditions posées à l'article L. 521-2 étaient remplies lorsque cet arrêté a été pris.

2. Étrangers protégés

L'art. L. 521-3 fixe la liste des cinq catégories d'étrangers ne pouvant faire l'objet ni d'une expulsion « simple » (V. art. L. 521-1) ni d'une expulsion pour « nécessité impérieuse » (V. art. L. 521-2).

Ce sont tout d'abord des considérations liées à la durée de résidence en France qui justifient cette protection : résidence habituelle depuis que l'intéressé a atteint au plus l'âge de treize ans (1°) et conjoint de celui-ci marié depuis au moins quatre ans (3°), résidence régulière depuis plus de vingt ans (2°).

On retrouve ensuite les éléments liés à la situation familiale : mariage avec un conjoint français depuis au moins quatre ans (3°) et parent d'enfant français (4°), sous bénéfice dans les deux cas de dix ans de résidence régulière en France.

Justifie enfin de cette protection, l'étranger résidant habituellement en France dont l'état de santé nécessite une prise en charge médicale dont le défaut pourrait entraîner pour lui des conséquences d'une exceptionnelle gravité, sous réserve de l'absence du traitement approprié dans le pays de renvoi (5°).

Cette protection s'applique alors même que l'intéressé a été condamné définitivement à une peine d'emprisonnement ferme au moins égale à cinq ans. À noter toutefois que les conjoints et parents d'enfants français ne bénéficieront plus de la protection lorsque l'arrêté d'expulsion est motivé par des faits commis à l'encontre du conjoint ou des enfants.

B – L'expulsion de l'art. L. 521-3

L'art. L. 521-3 met en œuvre la plus grave des procédures d'expulsion puisqu'elle vise à mettre un terme à des comportements de nature à porter atteinte aux intérêts fondamentaux de l'État ou liés à des activités à caractère terroriste ou constituant des actes de provocation explicite et délibérée à la discrimination, à la haine ou à la violence contre une personne déterminée ou un groupe de personnes.

Comme dans les cas précédents, la notion qui fonde cette troisième variante de l'expulsion n'est pas définie par les textes. La référence aux « comportements de nature à porter atteinte aux intérêts fondamentaux de l'État » constitue toutefois une référence implicite aux art. 410-1 s. C. pén. relatif aux infractions « d'atteinte aux intérêts fondamentaux de la Nation » et 431-1 s. du même code évoquant « l'atteinte à l'autorité de l'État ».

Par conséquent, serait concerné l'étranger dont le comportement nuit à la Nation dans son indépendance, l'intégrité de son territoire, sa sécurité, la forme républicaine de ses institutions, les moyens de sa défense et de sa diplomatie, l'équilibre de son milieu naturel et de son environnement et les éléments essentiels de son potentiel scientifique et économique et de son patrimoine culturel (art. 410-1 C. pén.). Cette infraction renvoie traditionnellement à des hypothèses de refus collectif de l'impôt (art. 1747 CGI) ou de cotisations sociales (art. L. 652 C. sec. soc.), d'atteintes au crédit de la Nation (L. 18 août 1936), de répression des propagandes étrangères (D.L 21 avril 1939 et D.L. 24 juin 1939) ou d'espionnage industriel (L. n° 68-678 du 26 juill. 1968).

Quant aux atteintes à l'autorité de l'État, elles prennent la forme d'entrave, d'une manière concertée et à l'aide de menaces, à l'exercice de la liberté d'expression, du travail, d'association, de réunion ou de manifestation (art. 431-1 C. pén.), la participation délictueuse à un attroupement, c'est-à-dire un rassemblement de personnes sur la voie publique susceptible de troubler l'ordre public (art. 431-3 C. pén.), l'organisation de manifestations illicites (art. 431-9 C. pén.) ou la participation à une manifestation en étant porteur d'une arme (art. 431-10 C. pén.).

Les groupes de combat, les associations dissoutes (art. 431-13 C. pén.) et les milices privées (L. 10 janv. 1936) constituent également des atteintes à l'autorité de l'État. Il en va de même encore des atteintes à l'administration publique commises par les particuliers, c'est-à-dire la corruption active et le trafic d'influence (art. 433-1 C. pén.), les menaces et actes d'intimidation commis contre les personnes exerçant une fonction publique (art. 433-3 C. pén.), la soustraction ou le détournement de biens contenus dans un dépôt public (art. 433-4), l'outrage (art. 433-5 C. pén.), la rébellion (art. 433-6), l'opposition par voie de fait ou violences à l'exécution de travaux publics (art. 433-11 C. pén.), l'usurpation de fonctions (art. 433-12 C. pén.), de signes réservés à l'autorité publique (art. 433-14 C. pén.) ou de titres (art. 433-17), l'usage irrégulier de qualité (art. 433-18 C. pén.), les atteintes à l'état-civil des personnes (art. 433-18-1 s. C. pén.). Sont également visées les atteintes à l'action de justice (entraves à la saisine [art. 434-1 s.] ou à l'exercice de la justice [art. 434-7-1 s.] ; délit de fuite [art. 434-10] ; défaut de témoignage [art. 434-11 et 434-12] ; témoignage mensonger [art. 434-13] ; subornation [art. 434-15] ; défaut de comparution [art. 434-15-1], pressions [art. 434-16]), à l'autorité de la justice (art. 434-24 à 434-43) ainsi qu'à l'administration publique et à l'action de la justice de l'UE, des États membres de l'UE, des autres États étrangers et des autres organisations internationales publiques (art. 435-1 à 435-15). On mentionnera enfin la participation à une activité de mercenaire (art. 436-1 s.).

Reste que, comme dans les cas précédents, la commission de l'une de ces infractions n'est une condition ni nécessaire ni suffisante pour ouvrir droit à l'expulsion ici visée.

Section 4
Les mesures connexes à l'éloignement

L'étranger qui est sous le coup d'une mesure d'éloignement, doit être dirigé vers un pays dans lequel il est légalement admissible (I) ; s'il ne peut immédiatement être éloigné du territoire, il pourra faire l'objet d'une assignation à résidence (II) ou d'une rétention administrative (III).

I – La fixation du pays de destination (art. L. 513-2)

L'étranger sous le coup d'une mesure d'éloignement est en principe dirigé vers le pays dont il a la nationalité, sauf si le statut de réfugié lui a été reconnu ou s'il n'a pas encore été statué sur sa demande d'asile. À défaut, il s'agira du pays qui lui a délivré un document de voyage en cours de validité ou d'un autre pays dans lequel il est légalement admissible. Quoi qu'il en soit, un étranger ne peut être éloigné à destination d'un pays s'il établit que sa vie ou sa liberté y sont menacées ou qu'il y est exposé à des traitements contraires aux stipulations de l'art. 3 de la Conv. EDH. Au-delà de ces exceptions expressément prévues par le texte lui-même, la jurisprudence a tenu compte d'autres considérations, en particulier les choix de l'intéressé lui-même.

Il résulte de ce qui précède que l'autorité administrative doit prendre en considération, au regard de la situation de la personne intéressée, l'ensemble des circonstances de fait, notamment l'existence d'une situation générale de violence ou de conflit dans le pays de destination, l'appartenance de l'intéressé à une minorité exposée ainsi que les éléments propres à la personne. Lorsque le cumul de ces éléments de fait parvient à un certain niveau de risques de traitements inhumains ou dégradants, il incombe à l'autorité administrative soit de renoncer à l'exécution de la mesure d'éloignement soit de fixer un autre pays dans lequel l'étranger pourrait être accueilli sans risque.

C'est à l'intéressé qu'incombe la charge de la preuve des risques encourus en cas de retour dans le pays d'origine. Cette obligation est toutefois souvent difficile à accomplir s'agissant d'étrangers qui ont souvent fui leur pays d'origine avec lequel ils n'ont plus de relations effectives.

S'agissant des *demandeurs d'asile déboutés*, la position de l'autorité administrative et du juge est ici relativement difficile dès lors que l'absence de « persécutions » résulte de la décision même de l'OFPRA ou de la Cour nationale du droit d'asile. Par suite, le juge se fondera souvent sur la décision négative de l'OFPRA (et éventuellement de la Cour) pour considérer que rien ne s'oppose au renvoi vers le pays d'origine, tout en rappelant que le juge n'est pas lié par ces décisions.

Si l'État d'accueil donne des assurances sérieuses et étayées qu'il n'existe en fait pas de risque de traitement inhumain ou dégradant (par ex. l'engagement de l'État d'accueil de ne pas mettre à exécution la peine de mort), le moyen tiré d'une violation de l'art. 3 Conv. EDH sera écarté. Reste que la jurisprudence est particulièrement vigilante quant à l'appréciation des assurances données.

A – Étendue de la protection

La protection dépend tout à la fois des caractères mêmes des risques encourus (1) et de l'origine de ceux-ci (2).

1. Caractères des risques encourus

Les risques invoqués en cas de retour dans le pays d'origine doivent présenter deux caractères principaux : ils doivent être personnels, c'est-à-dire potentiellement subis par l'intéressé lui-même ; ils doivent être sérieux et graves, ce qui entraîne une certaine subjectivité de l'appréciation.

Puisque les risques invoqués doivent présenter un *caractère personnel*, le juge ne tiendra en principe aucun compte des risques encourus par les membres de la famille de l'intéressé, sauf à imaginer une combinaison avec les stipulations de l'art. 8 Conv. EDH. En effet, si ces risques empêchent en fait l'étranger d'emmener sa famille avec lui, la mesure pourra être annulée pour atteinte excessive au droit à une vie familiale normale. Par ailleurs, un étranger peut toutefois entrer dans le champ d'application de ces dispositions alors même qu'il n'est visé que par « ricochet », comme cela peut être le cas pour les membres de la famille d'un réfugié statutaire.

L'étranger ne peut se contenter de faire état d'une situation politique troublée dans son pays, même marquée par des scènes de violence. Il n'en ira différemment que dans la mesure où les fonctions exercées par l'intéressé sont susceptibles d'entraîner un risque particulier compte tenu de la situation politique ou sociale de son pays d'origine.

Les motifs allégués doivent être sérieux et particulièrement graves, ce qui laisse une marge de manœuvre importante à l'autorité administrative, sous le contrôle du juge. Les circonstances de fait sont ici déterminantes et nécessitent une appréciation au cas par cas. Si des menaces de mort, ou, *a fortiori*, l'existence d'un risque sérieux d'application de la peine de mort répond à l'évidence à cette exigence de gravité, celle-ci est plus difficile à établir dans les autres cas, notamment s'agissant de la notion de traitement qualifié de dégradant.

2. Origine du risque

La question s'est rapidement posée de savoir si les risques invoqués par l'étranger ne devaient résulter que de l'action (ou de l'abstention) des autorités de l'État de destination ou s'ils pouvaient également être la conséquence de l'action de groupements privés. La Cour EDH étend l'application de l'art. 3 à des comportements imputables à des personnes privées, ce que le juge interne a repris à son compte.

Il en va de même s'agissant des clauses d'exclusion prévues par la Convention de Genève qui autorisent à retirer le statut de réfugié (par exemple lorsque l'intéressé est indigne de bénéficier d'une protection) mais n'entraînent pas une diminution de la protection tirée de l'art. 3 Conv. EDH.

Il résulte de la jurisprudence, tant européenne qu'interne, que le risque réel et avéré peut provenir de trois séries de motifs : l'engagement politique, l'appartenance à une communauté spécifique et enfin le mode de vie.

Ainsi, indépendamment même de l'obtention du statut de réfugié, le requérant peut encourir des risques personnels en raison de son *engagement politique* dans son pays d'origine, notamment lorsque celui-ci l'expose à des poursuites pénales en cas de retour. Cet engagement politique sera apprécié en particulier à l'aulne des fonctions que l'intéressé a pu exercer par le passé, l'exposant à des risques spécifiques en raison notamment de changements politiques dans son pays d'origine.

Le caractère personnel des risques encourus peut encore provenir de l'*appartenance à une communauté spécifique*, à condition que l'intéressé apporte la preuve de l'existence de risques personnels particuliers. Autrement dit, l'appartenance à un « groupe social » ne suffit pas à révéler une violation potentielle de l'art. 3 Conv. EDH, même si ce groupe fait l'objet d'un traitement discriminatoire, sauf une fois encore à prouver que cette appartenance expose l'intéressé à des risques personnels graves.

Enfin, le juge prend également en compte le *mode de vie* de l'intéressé, en rupture avec les traditions ou les usages moraux et religieux du pays d'origine. La jurisprudence est toutefois extrêmement nuancée et tente d'évaluer les conséquences personnelles pour l'étranger du renvoi vers son pays d'origine. Cette question s'est posée en particulier pour des étrangers en cours de traitement hormonal pour *transsexualisme*, le juge appréciant le risque en cas de retour à l'aulne des critères dégagés pour évaluer les conséquences, y compris psychologiques, de l'interruption du traitement sur l'état de santé de l'intéressé. Le juge tient également compte des conditions de prise en charge du transsexualisme dans le pays d'origine et des risques de mauvais traitements auxquels le requérant serait personnellement exposé en raison de la situation des transsexuels faite dans le pays d'origine.

Les mêmes difficultés sont apparues en présence de risques d'*excision* auxquels les filles d'un étranger peuvent être exposées en cas de retour dans le pays d'origine. Il appartiendra en particulier à l'intéressé à apporter la preuve du caractère effectif du risque, surtout lorsque les autorités du pays de destination luttent effectivement contre cette pratique.

B – Régime juridique

L'autorité compétente pour fixer le pays de destination est la même que celle qui décide de la mesure d'éloignement, y compris en cas de délégation de signature.

S'agissant d'une mesure de police, l'arrêté fixant le pays de destination doit être motivé. En revanche, l'obligation faite à l'administration de mettre l'intéressé à même de présenter ses observations (art. 24 L. 12 avril 2000) ne s'applique pas s'agissant de la décision fixant le pays de renvoi dans la mesure où l'étranger dispose d'un recours suspensif contre l'OQTF.

Quelle que soit la mesure d'éloignement en cause, la fixation du pays de destination repose sur une fiction juridique puisque cette décision est toujours considérée comme distincte de la mesure d'éloignement, fiction qui repose désormais sur l'art. L. 513-3. Le régime contentieux de cette mesure dépend toutefois de la nature de la décision d'éloignement.

En présence d'une OQTF, on rappellera que celle-ci combine en réalité la décision sur le séjour, la mesure d'éloignement et la fixation du pays de destination. Ces trois décisions rassemblées en une seule font l'objet d'un régime contentieux spécifique qui n'exclut pas cependant des recours séparés (V. *supra*).

En revanche, s'agissant de l'expulsion, l'illégalité susceptible d'entacher la décision fixant le pays de renvoi est sans influence sur la mesure d'éloignement elle-même. La mesure fixant le pays de destination peut ainsi faire l'objet d'un recours autonome qui obéit aux mêmes règles que le recours principal contre la mesure d'éloignement.

La distinction des deux décisions entraîne les conséquences suivantes : l'illégalité de la décision fixant le pays de renvoi ne peut être invoquée à l'appui du recours contre la mesure d'éloignement ; seule l'exception d'illégalité peut être invoquée, à la condition que la mesure d'éloignement ne soit pas définitive. À l'inverse, l'art. 3 Conv. EDH n'est pas opposable à la mesure d'éloignement, qui ne fixe pas le pays de renvoi et la circonstance que l'intéressé n'est admissible dans aucun pays n'entache pas la mesure d'éloignement d'illégalité.

L'annulation de la décision fixant le pays de destination a pour effet d'empêcher la mise à exécution de la mesure d'éloignement ; dans cette hypothèse, l'étranger concerné fera le plus souvent l'objet d'une mesure d'assignation à résidence ou d'une mesure de rétention administrative.

II – L'assignation à résidence

L'assignation à résidence permet à un étranger de rester sur le territoire français alors même qu'il est sous le coup d'une mesure d'éloignement, en restreignant toutefois sa liberté de circulation. Il convient ainsi de déterminer le champ d'application de cette mesure (A)

A – Champ d'application

Le CESEDA prévoit une condition générale : l'étranger est sous le coup d'une mesure d'éloignement (1) ; en revanche, les motifs de recours à l'assignation à résidence excèdent désormais la seule impossibilité de la mise à exécution de l'éloignement (2).

1. Mesures d'éloignement concernées

La mesure d'assignation à résidence ne peut intervenir que lorsque l'étranger est sous le coup de l'une des mesures d'éloignement suivantes : OQTF exécutoire immédiatement ou dont le délai de départ volontaire est expiré ou pendant la durée du délai de départ qui lui a été consenti ; procédure de remise à un État membre de l'UE ; « reconduite d'office Schengen » ; interdiction de retour ; interdiction judiciaire du territoire ; expulsion, y compris pour nécessité impérieuse. Depuis la loi du 26 nov. 2003, une assignation à résidence peut encore intervenir à l'égard d'un étranger gravement malade sous le coup d'une mesure d'expulsion.

Il s'agit par conséquent d'une mesure qui évite à l'étranger la mise à exécution de la décision d'éloignement, sachant que certaines mesures d'éloignement ne peuvent voir se substituer une assignation à résidence comme le refoulement à la frontière ou l'extradition.

2. Motifs de l'assignation à résidence

L'assignation à résidence concerne au premier chef l'étranger qui est dans **l'impossibilité de quitter le territoire français** ou de regagner son pays d'origine (art. L. 561-1). Cette impossibilité peut résulter notamment des risques encourus en cas de retour dans le pays d'origine ou de l'absence de pays d'accueil. C'est à l'étranger qui sollicite une assignation à résidence d'apporter la preuve de l'impossibilité de regagner son pays d'origine ou d'être admis dans un autre État. À noter que le fait qu'une demande du statut de réfugié ait été rejetée par l'OFPRA n'interdit pas de faire application de l'assignation à résidence. Mais l'étranger doit également prouver qu'il lui est impossible de se rendre dans un autre pays ; l'administration se contentera du refus de visa émanant d'un ou plusieurs consulats étrangers en France. La période d'assignation à résidence devra d'ailleurs être mise à profit par l'étranger pour trouver un pays d'accueil.

L'art. L. 561-2 reconnaît à l'autorité administrative une marge de manœuvre plus importante pour décider de l'assignation à résidence d'un étranger dans la mesure où il suffit que **l'exécution effective de l'OQTF constitue une « perspective raisonnable** », l'étranger présentant par ailleurs des garanties de représentation suffisantes de nature à prévenir un risque de fuite. La durée de l'assignation à résidence est ici plus courte (45 jours renouvelables une fois contre six mois renouvelables une fois dans les cas visés à l'art. L. 561-1). Comme l'indique le rapport de T. Mariani (AN 16 sept. 2010, n° 2814), "cette nouvelle mesure a vocation à précéder immédiatement un départ qui n'est retardé que pour des motifs techniques (absence d'identification, de document de voyage ou de moyens de transport), elle doit donc être prise pour une durée limitée, même s'il faut rappeler que cette mesure ne restreint pas la liberté de déplacement".

Depuis la loi de 2011 (art. L. 513-4), l'étranger, sous le coup d'une OQTF, auquel un délai de départ volontaire a été accordé peut, dès la notification de l'OQTF, être astreint à résider dans les lieux qui lui sont fixés, dans lesquels il doit se présenter périodiquement aux services de police et de gendarmerie "**pour y indiquer ses diligences dans la préparation de son départ**". Cette mesure d'assignation à résidence constitue un instrument, aux mains de l'autorité de police, afin de vérifier que l'étranger concerné respectera bien le délai de départ qui lui a été consenti puisqu'il sera conduit à faire état des diligences dans la préparation de son départ.

Le législateur de 2011 a également innové en mettant en œuvre un régime d'assignation à résidence avec **surveillance électronique** (art. L. 562-1 à L. 562-3) en vue de permettre des conditions de vie plus "normales" au profit de mineurs accompagnant leurs parents susceptibles d'être placés en centre de rétention administrative. C'est l'art. L. 562-2 qui détermine le régime de cette assignation à résidence particulière qui emporte, pour l'étranger, interdiction de s'absenter de son domicile ou de tout autre lieu désigné par l'autorité administrative ou le juge des libertés et de la détention en dehors des périodes fixées par ceux-ci. Le contrôle à distance de la mesure est assuré par des fonctionnaires de la police ou de la gendarmerie nationales qui sont autorisés, pour l'exécution de cette mission, à mettre en œuvre un traitement automatisé de données nominatives.

B – Procédure

L'autorité administrative compétente pour prononcer, par arrêté, la décision d'assignation à résidence, est le ministre de l'Intérieur en cas d'expulsion « dérogatoire » (art. L. 521-2 et L. 521-3) et le préfet et, à Paris, le préfet de police dans les autres cas (art. R. 513-2 et R. 561-1). La mesure doit être précédée d'un examen particulier de la situation, notamment personnelle et familiale, de l'intéressé. Par ailleurs, l'assignation à résidence peut être prononcée par décision du juge judiciaire en alternative à la rétention administrative dès lors que l'étranger dispose de garanties de représentation suffisantes.

La personne assignée à résidence doit se présenter périodiquement aux autorités de police et gendarmerie dans les conditions fixées par l'arrêté d'assignation à résidence. L'étranger peut être tenu de remettre l'original de son passeport et de tout autre document d'identité ou de voyage en sa possession en échange d'un récépissé valant justification d'identité sur lequel est portée la mention du délai accordé pour son départ.

L'autorité administrative détermine le périmètre dans lequel l'étranger assigné à résidence est autorisé à circuler muni des documents justifiant de son identité et de sa situation administrative et au sein duquel est fixée sa résidence.

L'arrêté d'assignation à résidence (de même que le refus de prendre un tel arrêté ou l'abrogation de celui-ci) peut faire l'objet d'un recours pour excès de pouvoir de droit commun et, en cas de recours simultané, le contentieux spécial de la mesure d'éloignement s'applique aux arrêtés d'assignation à résidence.

III – La rétention administrative

Admise dans son principe par le Conseil constitutionnel dans sa décision du 9 janv. 1980, la rétention administrative permet de mettre en œuvre, pour une durée qui peut aller aujourd'hui jusqu'à 45 jours, une privation totale de liberté pour l'étranger concerné. Si la France est le pays où la période maximale de rétention est la plus courte, le rapport de la Commission Mazeaud de juillet 2008 avait constaté que les durées moyennes sont « *voisines de celles pratiquées par la France. En raison des obstacles partout rencontrés (difficultés de déterminer la nationalité ou d'obtenir des laissez-passer consulaires), la durée « utile », celle au-delà de laquelle l'exécution de l'éloignement est compromise, est partout dans la fourchette des 10 à 15 jours constatés par les services de police français* ».

Le législateur de 2011 a toutefois indiqué que la décision prononçant le maintien en rétention de l'étranger ne peut intervenir qu'en dernier recours, c'est-à-dire lorsque d'autres mesures (notamment l'assignation à résidence, V. *supra*) ne permettent pas d'éviter le risque que l'intéressé ne se soustraie à l'exécution de la mesure d'éloignement.

A – Conditions de mise en œuvre

Les hypothèses ouvrant droit au placement en rétention dans des locaux ne relevant pas de l'administration pénitentiaire d'un étranger ne pouvant quitter immédiatement le territoire français recouvrent les différents types de mesure d'éloignement : procédure de remise à un État membre de l'UE ; expulsions ; reconduite à la frontière en exécution d'une interdiction du territoire, signalement au SIS aux fins de non admission et « reconduite d'office Schengen » ; mesure de reconduite à la frontière pour menace à l'ordre public (V. art. L. 533-1) ; OQTF intervenue moins d'un an auparavant et pour laquelle le délai pour quitter volontairement le territoire est expiré ; reconduite à la frontière d'office consécutive à une interdiction de retour.

À cela s'ajoute la possibilité de renouveler le placement en rétention lorsque l'intéressé n'a pas déféré à la mesure d'éloignement dont il est l'objet dans un délai de sept jours suivant le terme du précédent placement ou, y ayant déféré, est revenu en France alors que cette mesure est toujours exécutoire.

La décision initiale de maintien en rétention administrative relève de la compétence préfectorale, sauf lorsqu'elle est la conséquence d'une décision d'interdiction judiciaire du territoire. Elle constitue une mesure de police administrative de nature à porter gravement atteinte à la liberté individuelle, ce qui justifie l'intervention du juge judiciaire pour en décider la prolongation (V. *infra*). Si cette mesure de police reste hors du champ de l'art. 6 Conv. EDH et ne porte, par elle-même, atteinte aux stipulations de l'art. 8 Conv. EDH, elle peut toutefois constituer un traitement inhumain ou dégradant (art. 3 Conv. EDH). La question a, en particulier, été posée lorsque la rétention concerne des parents d'enfants en bas-âge, justifiant ainsi le régime d'assignation à résidence sous surveillance électronique (V. *supra*).

La rétention administrative doit constituer une nécessité et ce sont essentiellement des considérations matérielles qui expliquent l'impossibilité de mise à exécution de la décision d'éloignement, en particulier le défaut de délivrance ou une délivrance trop tardive des documents de voyage par le consulat dont relève l'étranger ou l'absence de moyens de transport. Il en va de même lorsque l'administration a besoin de temps pour déterminer la nationalité de l'étranger. Au-delà de ces considérations, le maintien en rétention sera fréquemment justifié par la crainte que l'étranger ne profite du délai de mise à exécution de la décision d'éloignement pour disparaître. Il ne disposera ainsi pas de garanties de représentation suffisantes.

L'arrêté préfectoral initial de maintien en rétention administrative doit être motivé et indiquer la mesure d'éloignement en cause, les raisons pour lesquelles elle ne peut être exécutée immédiatement et en quoi le maintien en rétention est nécessaire. Cette décision est notifiée dans les conditions de droit commun.

Cet arrêté peut faire l'objet des voies de recours de droit commun, le recours pour excès de pouvoir pouvant éventuellement être assorti d'une requête en référé suspension (art. L. 521-1 CJA). Ce recours doit se combiner avec les règles spécifiques applicables notamment au contentieux de l'OQTF (V. *supra*).

B – Durée de la rétention

La rétention ne peut se prolonger que pour une durée strictement nécessaire au départ de l'étranger. La durée maximale est désormais de quarante-cinq jours qui se décompose en trois phases :

• La décision préfectorale initiale de maintien en rétention, valable 5 jours. La décision de placement est prise par le préfet après l'interpellation de l'étranger et, le cas échéant, à l'expiration de sa garde à vue, ou à l'issue de sa période d'incarcération en cas de détention. Elle est écrite et motivée. Un double en est remis à l'intéressé. Le procureur de la République en est informé immédiatement. La décision préfectorale doit être motivée.

• La prolongation judiciaire pour une durée maximale de vingt jours : quand un délai de cinq jours s'est écoulé depuis la décision de placement en rétention, le juge des libertés et de la détention est saisi par requête motivée, datée, signée et accompagnée de toutes pièces justificatives utiles de l'autorité administrative qui a ordonné le placement en rétention aux fins de prolongation de la rétention. L'audience peut se tenir dans une salle spécialement aménagée à proximité d'un centre de rétention.

• Une prorogation judiciaire pour une durée maximale de vingt jours en cas d'urgence absolue, d'une menace d'une particulière gravité pour l'ordre public ou lorsque l'impossibilité d'exécuter la mesure d'éloignement résulte de la perte ou de la destruction des documents de voyage de l'intéressé, de la dissimulation par celui-ci de son identité ou de l'obstruction volontaire faite à son éloignement. Le juge peut également être saisi lorsque, malgré les diligences de l'administration, la mesure d'éloignement n'a pu être exécutée en raison du défaut de délivrance des documents de voyage par le consulat dont relève l'intéressé ou de l'absence de moyens de transport, et qu'il est établi par l'autorité administrative compétente, que l'une ou l'autre de ces circonstances doit intervenir à bref délai. Il peut également être saisi aux mêmes fins lorsque la délivrance des documents de voyage est intervenue trop tardivement, malgré les diligences de l'administration, pour pouvoir procéder à l'exécution de la mesure d'éloignement dans le délai prescrit.

Si, à l'issue de cette seconde prolongation, la mesure d'éloignement n'a toujours pas pu être exécutée, l'étranger doit être néanmoins relâché, faute pour l'administration de commettre une voie de fait.

Il convient de préciser que les ordonnances du magistrat sont susceptibles d'*appel* devant le Premier président de la cour d'appel, ou son délégué, qui est saisi sans forme et doit statuer, à compter de sa saisine, dans les 48 heures. Si le Premier président n'a pas statué dans ce délai, il se trouve dessaisi et ne peut ordonner la mise en liberté de l'étranger concerné. Ce dessaisissement du juge d'appel entraîne la caducité, à compter de l'expiration du délai de 48 heures, de la décision déférée de prolongation du maintien en rétention de l'étranger. Outre à l'intéressé et au ministère public, le droit d'appel appartient au représentant de l'État dans le département ; ce recours n'est pas suspensif. Toutefois, le ministère public peut demander au Premier président de la cour d'appel ou à son délégué de déclarer son recours suspensif lorsqu'il lui apparaît que l'intéressé ne dispose pas de garanties de représentation effectives ou en cas de menace grave pour l'ordre public. Dans ce cas, l'appel est formé dans un délai de six heures à compter de la notification de l'ordonnance au procureur de la République et transmis au Premier président de la cour d'appel ou à son délégué. Celui-ci décide, sans délai, s'il y a lieu de donner à cet appel un effet suspensif par une ordonnance motivée rendue contradictoirement qui n'est pas susceptible de recours. L'intéressé est maintenu à la disposition de la justice jusqu'à ce que cette ordonnance soit rendue et, si elle donne un effet suspensif à l'appel du ministère public, jusqu'à ce qu'il soit statué sur le fond. L'ordonnance rendue en appel est elle-même susceptible, dans les dix jours de sa notification, d'un pourvoi en cassation par une déclaration orale ou écrite.

C – Étendue du contrôle du juge judiciaire

Le juge judiciaire doit contrôler la validité de la requête préfectorale de demande de prolongation, c'est-à-dire la compétence de l'auteur de l'acte, la réalité de la production de la mesure d'éloignement et des pièces justificatives à l'appui de la requête.

Le juge judiciaire ne peut se prononcer sur la régularité de la mesure d'éloignement qui fonde la requête aux fins de prolongation de la rétention. Ainsi, le juge n'a pas à retenir le fait que l'étranger se prétendait titulaire d'un titre de séjour dont l'administration ne démontrait pas l'irrégularité. Ces règles s'appliquent également par la voie de l'exception d'illégalité : le juge judiciaire se prononce ici comme gardien de la liberté individuelle et non comme juge pénal titulaire de la plénitude de juridiction ; par suite, il ne lui appartient pas de préjuger de la validité de la décision administrative ayant entraîné la mise en rétention ; cela peut ainsi conduire le juge à prolonger la rétention alors même que la décision d'éloignement serait manifestement illégale.

Il lui appartient toutefois de vérifier que l'intéressé n'est pas un étranger « protégé » (cf. *supra*) auquel cas il ne peut faire l'objet d'une mesure d'éloignement et, par suite d'une rétention administrative. Dans le même esprit, il appartient au juge judiciaire de se prononcer, comme gardien de la liberté individuelle, sur les irrégularités commises au moment où la décision de rétention a été notifiée à l'étranger. Il en va de même s'agissant de l'irrégularité invoquée par l'étranger de son interpellation (absence de production du rapport de police ayant servi de base à l'interpellation ; irrégularité du procès-verbal ; conditions de la garde à vue ou du contrôle d'identité). Reste que, comme pour la prolongation du maintien en zone d'attente (V. *supra*), le législateur de 2011 a enjoint au juge de ne retenir que celles des irrégularités ayant eu pour effet de porter atteinte aux droits des étrangers retenus.

Le Conseil constitutionnel a indiqué que la rétention « intervient sans priver l'autorité judiciaire de la possibilité d'interrompre la prolongation du maintien en rétention [...] elle ne saurait être assortie de garanties moindres que celles assurées aux personnes placées en détention provisoire ». Par suite, le juge peut accorder la prolongation, mais également décider de la remise en liberté de l'étranger ou procéder à la transformation de la mesure en assignation à résidence (art. L. 552-4). Dans ces deux derniers cas, l'ordonnance du juge est immédiatement notifiée au procureur de la République. À moins que ce dernier n'en dispose autrement, l'étranger est alors maintenu à la disposition de la justice pendant un délai de quatre heures à compter de la notification de l'ordonnance au procureur de la République.

D – Conditions de la rétention

La rétention ne peut avoir lieu que dans des locaux ne relevant pas de l'administration pénitentiaire (V. l'art R. 553-3 qui fixe les normes auxquelles doivent répondre les centres de rétention administrative). L'intéressé peut demander l'assistance d'un interprète, d'un médecin, d'un conseil et peut, s'il le désire, communiquer avec son consulat et avec une personne de son choix.

Les conditions de la rétention font l'objet d'une surveillance « interne » puisqu'un registre mentionnant l'état civil des personnes maintenues et les conditions de leur maintien doit être tenu. Par ailleurs, pendant toute la durée du maintien, le procureur de la République ou le juge des libertés et de la détention peut se transporter sur les lieux, vérifier les conditions du maintien et se faire communiquer le registre. Dans chaque lieu de rétention, un espace permettant aux avocats de s'entretenir confidentiellement avec les étrangers retenus est prévu. À cette fin, sauf en cas de force majeure, il est accessible en toutes circonstances sur demande de l'avocat.

Lire aussi :

- Boucher et Bourgeois-Machureau, "Le contentieux des obligations de quitter le territoire français : bilan d'étape", *AJDA* 2008. 344.
- J.Y., Carlier., "La détention et l'expulsion collective des étrangers", *RTDH* n° 53, 1er janv. 2003.
- G. De Beco, "L'expulsion des étrangers mineurs délinquants", *RTDH* 1er oct. 2009, p. 1091.
- L. Helmlinger, "L'obligation de quitter le territoire : vrais enjeux et faux-semblants", *AJDA* 2008. 1082.
- H. Labayle, "L'éloignement des étrangers in Le juge administratif et la Convention européenne des droits de l'homme", Colloque de Montpellier, *RUDH* 1991. 296 ; "L'éloignement des étrangers devant la CEDH", *RFDA* 1997. 977.
- Y. Manciaux, *La mesure de reconduite à la frontière : étude d'un imbroglio juridique*, Thèse Dijon 2002 ; "La réforme de la reconduite à la frontière par la loi du 26 nov. 2003 : l'imbroglio juridique demeure", *AJDA* 2004. 1904.
- S. Slama, *Le contentieux des refus de séjour assortis d'une OQTF : une mécanique implacable applicable dès le 1er janv. 2007*, http://www.blogdroitadministratif.net.
- J. Toullier, "Le refoulement des étrangers à la frontière : quoi de neuf ?", *Les petites affiches*, 23 août 2005.
- X. Vandendriessche, "Étrangers – Éloignement", *J. Cl. Adm.*, Fasc. 233-65.

Conclusion

On a pu le constater par ce bref aperçu, le droit des étrangers forme un ensemble de plus en plus complexe où s'affrontent deux tendances essentielles : une volonté de mise en œuvre d'une politique d'immigration maîtrisée, et donc de plus en plus stricte, et le respect d'un certain nombre de principes fondamentaux d'origine constitutionnelle ou internationale qui conditionnent la pérennité de l'État de droit.

Dans ce cadre, le droit des étrangers est en fait confronté à trois séries d'acteurs : le législateur, national et européen, le pouvoir réglementaire et le juge. L'évolution législative est simple car, sans être linéaire, elle démontre que la loi est de plus en plus sensible à la mise en œuvre de l'objectif politique de maîtrise de l'immigration. On peut même soutenir que cette dimension politique, voire « médiatique » de la loi est aujourd'hui devenue déterminante : les gouvernements successifs ont fait adopter des textes qui ont pu être interprétés comme des signes de fermeté et de rigueur en cette matière adressés à l'opinion publique en France, mais aussi peut-être à l'étranger.

L'attitude du pouvoir réglementaire est plus ambiguë ; en effet, la mise en œuvre des dispositions législatives fait très largement appel à l'édiction de très nombreuses circulaires, notes de service, voire simples instructions. Si le texte de la loi est souvent particulièrement strict et restrictif, le Premier ministre et le ministre de l'Intérieur font ensuite appel, par circulaire, à la mansuétude des administrations, notamment préfectorales, dans l'application des règles de droit. Il y a là une véritable déviation du système normatif : l'étranger ne dispose souvent d'aucun « droit » mais peut seulement espérer la bienveillance de l'administration.

Quant au juge, il est directement placé au cœur des paradoxes et des ambiguïtés du droit des étrangers ; confronté à des textes législatifs de plus en plus restrictifs, il se doit d'en faire application, même si les juges européens, constitutionnel et administratif s'efforcent, dans une certaine mesure, de ne pas systématiquement faire prévaloir les impératifs de protection de l'ordre public au sens large sur les droits fondamentaux des individus. Il en résulte une jurisprudence très évolutive, parfois difficile à cerner tant les solutions sont factuelles, mais en tout cas souvent marquée par un juridisme qui peut paraître excessif au regard des intérêts et des droits en cause.

En définitive, si la première qualité d'une règle de droit réside dans sa lisibilité et sa prévisibilité, ces conditions ne semblent plus guère assurées dans le droit actuel des étrangers en France. Il faut à ce droit des règles claires, précises et d'une permanence suffisante pour en assurer l'application effective dans le cadre des objectifs définis par le pouvoir politique ; il faut à ce droit des principes fondamentaux protecteurs des valeurs de l'État de droit et de la dignité humaine dans le cadre de la tradition de la République.

Annexes

1. Situation des étrangers au regard des documents de séjour

Afin de permettre une identification du titre de séjour applicable, on trouvera ci-dessous un tableau récapitulatif d'ensemble. Dix catégories ont ainsi été distinguées, en fonction de la catégorie à laquelle appartient son bénéficiaire potentiel (demandeur d'asile, réfugié et apatride ; étudiants ; séjour en vue de l'exercice d'une activité professionnelle) et de sa situation personnelle (état de santé, liens familiaux, liens particuliers avec la France). Enfin, une rubrique « divers » regroupant les hypothèses difficilement classables en fonction des critères ci-dessus.

Demandeur d'asile – Réfugiés – Apatrides		
Art.	**Catégorie**	**Document de séjour et conditions**
311-4	Demandeur d'asile	Récépissé de demande : – sans durée fixe – ne régularise pas l'entrée (L. 311-5)
313-11-10°	Apatride, conjoint et enfants mineurs	Carte de séjour temporaire de plein droit si le mariage est antérieur à l'obtention du statut d'apatride ou d'une durée de plus d'un an avec maintien de la communauté de vie
314-11-9°	Apatride, conjoint et enfants mineurs	Carte de résident de plein droit si résidence régulière en France de trois ans
313-13	Étranger ayant obtenu le bénéfice de la protection subsidiaire + conjoint et enfants mineurs	Carte de séjour temporaire de plein droit quand le mariage est antérieur à la décision de protection subsidiaire ou célébré depuis au moins un an et sous réserve du maintien de la communauté de vie
314-11-8°	Réfugié Conjoint et enfants Ascendants directs au 1er degré	Carte de résident de plein droit si mariage antérieur à la reconnaissance (ou de plus d'un an après) et maintien de la communauté de vie Si le réfugié est un mineur accompagné
Étudiants et assimilés		
Art.	**Catégorie**	**Document de séjour et conditions**
311-11	Étudiant ayant terminé au moins un master qui souhaite compléter sa formation par une première expérience professionnelle	APS de 6 mois pour étudiant (peut bénéficier d'une carte de séjour « salarié » à l'issue des six mois)
313-7	Étudiant	Carte de séjour temporaire « Étudiant »

313-7-1	Stagiaire	Carte de séjour temporaire « Stagiaire »
313-4	Étudiant inscrit dans un établissement pour obtenir un diplôme au moins équivalent au master	Carte de séjour temporaire renouvelable pour plus d'un an (maximum 4 ans)
Exercice d'une activité professionnelle		
Art.	**Catégorie**	**Document de séjour et conditions**
311-3	Étrangers âgés de seize à dix-huit ans qui déclarent vouloir exercer une activité professionnelle salariée	Carte de séjour temporaire de plein droit après APS de 6 mois de l'art. L. 313-11 Carte de résident sous conditions de l'art. L. 314-11
313-9	Artiste interprète	Carte de séjour temporaire « Artiste interprète »
313-10-1°	Activité salariée d'une durée sup. ou égale à 12 mois	Carte de séjour temporaire « salarié »
313-10-1°	Activité salariée de moins de 12 mois	Carte de séjour temporaire « travailleur temporaire »
313-10-2°	Non salarié	Carte de séjour temporaire mention de la profession commerciale, industrielle ou artisanale
313-10-3°	Activité professionnelle non soumise à autorisation de travail (L. 341-2 C. trav.)	Carte de séjour temporaire mention de l'activité professionnelle non soumise à autorisation
313-10-4°	Travaux saisonniers n'excédant pas 6 mois sur 12 – durée maximale de 3 ans renouvelable	Carte de séjour temporaire « travailleur saisonnier »

313-10-5°	Salarié détaché par un employeur, détachement entre établissements d'une même entreprise ou d'un même groupe	Carte de séjour temporaire « salarié en mission »
313-10-6°	Titulaire d'un contrat de travail (2° de l'art. L. 5221-2 C. trav.), d'une durée égale ou supérieure à un an, pour un emploi dont la rémunération annuelle brute est au moins égale à une fois et demie le salaire moyen annuel de référence, et qui est titulaire d'un diplôme sanctionnant au moins trois années d'études supérieures ou qui justifie d'une expérience professionnelle d'au moins cinq ans d'un niveau comparable, sans que lui soit opposable la situation de l'emploi.	Carte bleue européenne
Scientifique-chercheur		
Art.	**Catégorie**	**Document de séjour et conditions**
313-8 313-4	Scientifique-chercheur	Carte de séjour temporaire Scientifique-chercheur Renouvelable pour plus d'un an (maximum 4 ans)

Situation personnelle

État de santé		
Art.	**Catégorie**	**Document de séjour et conditions**
311-12	Parent d'enfant malade dont l'état de santé nécessite une prise en charge médicale dont le défaut pourrait entraîner des conséquences d'une exceptionnelle gravité	APS de 6 mois maxi (renouvelable) : résidence habituelle en France avec l'enfant ; le demandeur subvient à son entretien et son éducation mais pas de nécessité d'entrée régulière
313-11-11°	Étranger dont l'état de santé nécessité une prise en charge médicale dont le défaut pourrait entraîner des conséquences d'une exceptionnelle gravité	Carte de séjour temporaire de plein droit
Liens familiaux – Généralités		
Art.	**Catégorie**	**Document de séjour et conditions**
311-11-7°	Étranger dont les liens personnels et familiaux en France sont tels que le refus d'autoriser son séjour porterait une atteinte disproportionnée à son droit au respect de sa vie privée et familiale	Carte de séjour temporaire de plein droit
Liens familiaux – Enfants		
Art.	**Catégorie**	**Document de séjour et conditions**
Mineur de 16 à 18 ans ou entre 18 et 19 ans		

313-11-1°	Cas général	Carte de séjour temporaire de plein droit
314-9-1°	dont l'un des parents est titulaire d'une carte de séjour ou de résident au titre du regroupement familial	Carte de résident si l'un des parents est titulaire d'une carte de résident et résidence continue d'au moins 3 ans
313-11-2°	justifiant résider habituellement en France avec au moins un de ses parents depuis qu'il a atteint au plus l'âge de 13 ans	Carte de résident si l'un des parents est titulaire d'une carte de résident et résidence continue d'au moins 3 ans
313-11-2 bis	confié depuis qu'il a atteint au plus l'âge de 16 ans, au service de l'ASE	Carte de résident si l'un des parents est titulaire d'une carte de résident et résidence continue d'au moins 3 ans sous réserve du caractère réel et sérieux du suivi de la formation, de la nature des liens avec la famille restée dans le pays d'origine
313-11-3°	dont l'un des parents (ou son conjoint) est titulaire de la carte de séjour « compétences et talents » ou « salarié en mission »	Carte de résident si l'un des parents est titulaire d'une carte de résident et résidence continue d'au moins 3 ans
Mineur de 16 à 18 ans ou entre 18 et 19 ans		
313-11-1°-II	Enfant entré mineur en France d'un étranger titulaire du statut de résident longue durée CE obtenu dans un autre État membre et d'une carte de séjour de l'art. L. 313-4-1	Carte de séjour temporaire
315-7	Enfants entre 18 et 19 ans du titulaire de la carte « compétences et talents »	Carte de séjour renouvelable de plein droit pendant la durée de la carte « compétences et talents »

314-11-2°	Enfant de français de 18 à 21 ans à la charge de ses parents	Carte de résident de plein droit
Parent d'enfant français		
313-11-6°	qui contribue à l'entretien et à l'éducation de l'enfant depuis la naissance ou depuis au moins 2 ans	Carte de séjour temporaire de plein droit
314-9-2°	titulaire de la carte de séjour depuis au moins 3 ans	Carte de résident
314-11-2°	Ascendants du français ou de son conjoint si visa de plus de 3 mois	Carte de résident de plein droit

Liens familiaux – Conjoint		
Art.	**Catégorie**	**Document de séjour et conditions**
Conjoint de français		
313-11-4°	maintien de la communauté de vie et de transcription du mariage s'il a été célébré à l'étranger ; le renouvellement (art. L. 313-12) est subordonné au maintien de la communauté de vie sauf violences conjugales	Carte de séjour temporaire de plein droit
314-9-3°	– depuis au moins trois ans	Carte de résident

Conjoint d'étranger		
313-11-1°	Conjoint d'un titulaire d'une carte de séjour ou de résident obtenue au titre du regroupement familial	Carte de séjour temporaire de plein droit
314-9-1°	Idem	Carte de résident si résidence continue d'au moins 3 ans
313-8 et 313-11-3°	Conjoint d'un titulaire de la carte de séjour « scientifique-chercheur »	Carte de séjour "vie privée et familiale" ; durée de validité identique à celle du scientifique-chercheur
313-11-1	Conjoint d'un étranger titulaire du statut de résident longue durée CE obtenu dans un autre État membre et d'une carte de séjour de l'art. L. 313-4-1	Carte de séjour temporaire si justifie résider légalement, disposer de ressources stables et suffisantes et d'une assurance maladie
315-7	Conjoint (si au moins 18 ans) du titulaire de la carte « compétences et talents »	Carte de séjour renouvelable de plein droit pendant la durée de la carte « compétences et talents »
317-1	Conjoint du titulaire de la carte « retraité »	Carte « retraité »
Liens particuliers avec la France		
Art.	**Catégorie**	**Document de séjour et conditions**
313-11-8°	Étranger né en France qui y a résidé pendant au moins 8 ans de façon continue et qui a suivi, après l'âge de 10 ans, au moins 5 ans de scolarité en France ; la demande doit être présentée entre 16 et 21 ans	Carte de séjour temporaire de plein droit

313-11-9°	Étranger titulaire d'une rente d'accident de travail ou de maladie professionnelle avec TIP d'au moins 20 %	Carte de séjour temporaire de plein droit (sans exiger l'entrée régulière) / Carte de résident de plein droit
314-11-3°	Ayants droit de l'intéressé décédé	Carte de résident de plein droit
314-12	Étranger qui remplit les conditions d'acquisition de la nationalité française	Carte de résident de plein droit
314-15	Étranger qui apporte une contribution économique exceptionnelle à la France	Carte de résident permanent
	Étranger ayant servi :	
314-11-4°	– dans une unité combattante de l'armée française	Carte de résident de plein droit
314-11-5°	– effectivement au sein des FFI	Carte de résident de plein droit
314-11-6°	– en France dans une unité combattante d'une armée alliée	Carte de résident de plein droit
314-11-7°	– dans la Légion étrangère	Carte de résident de plein droit
	Divers	
Art.	**Catégorie**	**Document de séjour et conditions**
313-6	Visiteur	Carte de séjour temporaire
316-1	Étranger qui dépose plainte (ou témoigne) pour traite des êtres humains (art. 225-4-1 à 225-4-6 C. pén.) ou proxénétisme (art. 225-5 à 225-10)	Carte de séjour temporaire Carte de résident en cas de condamnation définitive

313-14	Considérations humanitaires ou motifs exceptionnels	Carte de séjour « vie privée et familiale » ou « salarié »
317-1	Retraité	Carte de séjour « retraité »
311-4	Demandeur de titre de séjour	Récépissé de demande ou de renouvellement de titre, et d'APS – ne régularise pas l'entrée (311-5) Durée de validité d'un mois minimum (R. 311-5)
311-10	Mission de volontariat	APS pour effectuer une mission de volontariat auprès d'une fondation ou association reconnue d'utilité publique
313-4-1	Titulaire de la carte de résident longue durée CE établie dans un autre État membre	Carte de séjour temporaire correspondant à son activité s'il justifie de ressources stables et suffisantes et d'une assurance maladie
	Admission exceptionnelle au séjour	
Art.	**Catégorie**	**Document de séjour et conditions**
313-14	Admission au séjour répond à des considérations humanitaires ou se justifie au regard de motifs exceptionnels	Carte de séjour "vie privée et familiale" (L. 313-11) Carte de séjour "salarié" (L. 313-10-1°) Réserve d'ordre public et polygamie. La condition d'entrée régulière n'est pas exigée.

313-15	Étranger qui a été confié à l'aide sociale à l'enfance entre l'âge de seize ans et l'âge de dix-huit ans et qui justifie suivre depuis au moins six mois une formation destinée à lui apporter une qualification professionnelle ;	Carte de séjour "salarié" ou "travailleur temporaire". Conditions : – caractère réel et sérieux du suivi de cette formation – nature des liens avec la famille restée dans le pays d'origine – avis de la structure d'accueil sur l'insertion de l'étranger dans la société française La condition d'entrée régulière n'est pas exigée.

2. Les différentes mesures d'éloignement et leurs motifs

Entrée		
Entrée irrégulière (sauf titre de séjour valide)	OQTF	L. 511-1-I-1°
Entrée irrégulière (Code frontières Schengen)	OQTF	L. 511-2
Entrée irrégulière : remise de l'étranger à l'État membre qui l'a admis à entrer ou à séjourner sur son territoire, ou dont il provient directement	Réadmission	L. 531-1
Remise du demandeur d'asile à l'État responsable	Réadmission	L. 531-2 – L. 741-4
Étranger qui, en provenance du territoire d'un État partie à la convention de Schengen, est entré sur le territoire métropolitain sans se conformer aux dispositions des articles 19, paragraphe 1 ou 2, 20, paragraphe 1, ou 21, paragraphe 1 ou 2, de cette convention ou sans souscrire, au moment de l'entrée sur ce territoire, la déclaration obligatoire.	Réadmission	L. 531-2

Maintien irrégulier sur le territoire		
Maintien au-delà de la durée de validité du visa	OQTF	L. 511-1-I-2°
Maintien au-delà de 3 mois	OQTF	L. 511-1-I-2°
Maintien au-delà de la validité du titre de séjour à défaut de demande de renouvellement	OQTF	L. 511-1-I-4°
Maintien en violation du Code frontières Schengen	OQTF	L. 511-3
Étranger qui, en provenance du territoire d'un État partie à la convention de Schengen, a séjourné sur le territoire métropolitain sans se conformer aux dispositions des articles 19, paragraphe 1 ou 2, 20, paragraphe 1, ou 21, paragraphe 1 ou 2, de cette convention ou sans souscrire, au moment de l'entrée sur ce territoire, la déclaration obligatoire.	Réadmission	L. 531-2
Titre de séjour, récépissé de demande de carte de séjour, APS		
Refus de délivrance titre	OQTF	L. 511-1-I-3°
Refus de renouvellement titre	OQTF	L. 511-1-I-3°
Retrait titre	OQTF	L. 511-1-I-3°
Retrait récépissé de demande de titre ou APS	OQTF	L. 511-1-I-5°
Refus de renouvellement récépissé de demande de titre ou APS	OQTF	L. 511-1-I-5°
Ressortissant européen (ou assimilé) ne justifiant d'aucun droit au séjour (art. L. 121-1) ou abusant du droit au séjour	OQTF	L. 511-3-1
Séjour irrégulier : remise de l'étranger à l'État membre qui l'a admis à entrer ou à séjourner sur son territoire, ou dont il provient directement	Réadmission	L. 531-1

Étranger détenteur d'une carte de séjour temporaire portant la mention " carte bleue européenne " en cours de validité accordée par un autre État membre de l'Union européenne lorsque lui est refusée la délivrance de la carte de séjour temporaire (6° de l'art. L. 313-10) ou bien lorsque la carte de séjour temporaire portant la mention " carte bleue européenne " dont il bénéficie expire ou lui est retirée durant l'examen de sa demande, ainsi que des membres de sa famille	Réadmission	L. 531-2
Ordre public		
Menace grave pour l'ordre public	Expulsion	L. 521-1
Nécessité impérieuse pour la sûreté de l'État ou la sécurité publique	Expulsion	L. 521-2
Comportement de nature à porter gravement atteinte aux intérêts fondamentaux de l'État – terrorisme – provocation explicite et délibérée à la discrimination, à la haine ou à la violence	Expulsion	L. 521-3
Ressortissant européen (ou assimilé) dont le comportement personnel pendant les 3 premiers mois de séjour constitue une menace réelle, actuelle et suffisamment grave pour un intérêt fondamental de la société française.	OQTF	L. 511-3-1
Ressortissant européen (ou assimilé) dont comportement personnel représente une menace réelle, actuelle et suffisamment grave pour un intérêt fondamental de la société.	Expulsions L. 521-1, L. 521-2 et L. 521-3	L. 521-5
Étranger détenteur d'un titre de résident de longue durée-CE en cours de validité accordé par un autre État membre qui fait l'objet d'une mesure d'éloignement du territoire français	Réadmission	L. 531-2

Étranger non ressortissant d'un État membre de l'UE ayant fait l'objet d'un signalement aux fins de non-admission en vertu d'une décision exécutoire prise par l'un des autres États parties à la convention de Schengen	Reconduite d'office	L. 531-3
Étranger non ressortissant d'un État membre de l'UE, qui se trouve en France, a fait l'objet d'une décision d'éloignement exécutoire prise par l'un des autres États membres de l'UE	Reconduite d'office	L. 531-3
Étranger présent en France depuis moins de 3 mois dont le comportement constitue une menace pour l'ordre public	Reconduite à la frontière	L. 533-1
Étranger présent en France depuis moins de 3 mois ayant exercé une activité professionnelle salariée en France à défaut d'avoir obtenu l'autorisation de travail	Reconduite à la frontière	L. 533-1
Étranger coupable d'un crime ou d'un délit	IJT	L. 541-1 131-30 s. C. pén.

3. Les étrangers protégés contre l'éloignement

Étrangers protégés contre les mesures d'éloignement	**OQTF**	**EXPULSION L. 521-1**	**EXPULSION L. 521-2**	**IJT (C. pén.)**
MARIAGE				
Avec un français depuis au moins 3 ans	L. 511-4-7°	L. 521-2-2°		L. 131-30-2-3°
Avec un français depuis au moins 4 ans et résidant régulièrement depuis plus de dix ans		L. 521-3-3°	L. 521-3-3°	
Avec un étranger régulier et résidant régulièrement depuis plus de dix ans	L. 511-4-8°	L. 521-3-3°	L. 521-3-3°	L. 131-30-2-3°
FILIATION				
Parent d'enfant français mineur (art. 371-2 C. civ.)	L. 511-4-6°	L. 521-2-1°		
Parent d'enfant français mineur et résidant régulièrement depuis plus de dix ans		L. 521-3-4°	L. 521-3-4°	L. 131-30-2-4°
DURÉE DE RÉSIDENCE EN FRANCE				
Résidence habituelle depuis l'âge de 13 ans	L. 511-4-2°	L. 521-3-1°	L. 521-3-1°	L. 131-30-2-1°
Résidence régulière en France depuis plus de 10 ans (sauf étudiant)	L. 511-4-4°	L. 521-2-4°		
Résidence régulière depuis plus de 20 ans	L. 511-4-5°	L. 521-3-2°	L. 521-3-2°	L. 131-30-2-2°
ÉTAT DE SANTÉ				
Titulaire d'une rente d'AT ou de MP de plus de 20 %	L. 511-4-9°	L. 521-2-5°		
État de santé nécessitant une prise en charge et résidence habituelle en France	L. 511-4-10°	L. 521-3-5°	L. 521-3-5°	L. 131-30-2-5°
RESSORTISSANTS EUROPÉENS ET ASSIMILÉS				
Ressortissant européen ou assimilé bénéficiant du droit de séjour permanent (art. L. 122-1)	L. 511-4-11°			
Ressortissant européen ou assimilé résidant régulièrement depuis dix ans		L. 521-2-6°		

Index alphabétique

Table des matières

Dans la même collection

L'adoption, P. Salvage-Gerest
L'arbitrage, C. Gavalda, C. Lucas de Leyssac
La bioéthique, B. Mathieu
Le Code civil, J.-L. Halpérin
Les collectivités territoriales en France, M. Verpeaux
La common law, A. J. Bullier
Le Conseil constitutionnel, P. Esplugas, H. Roussillon
Le Conseil d'État, D. Latournerie
La Constitution, M. Verpeaux
Le contentieux administratif, J. Viguier
Le contrat. Droit des obligations, J.-L. Aubert, F. Collart Dutilleul
Le contrat de vente, P. le Tourneau
La Cour de cassation, Y. Chartier
La Cour européenne des droits de l'homme, J.-P. Marguénaud
La Cour de justice des Communautés européennes, J. Boudant
Les cours constitutionnelles, L. Favoreu, W. Mastor
La déontologie de l'avocat, J.-J. Taisne
La déontologie du magistrat, G. Canivet, J. Joly-Hurard
La directive européenne, D. Simon
Le divorce, P. Courbe
Le droit, P. Jestaz
Le droit administratif, P. Delvolvé
Le droit allemand, C. Witz
Le droit américain, A. Levasseur
Le droit des biens, C. Caron, H. Lécuyer
Le droit des brevets, M. Vivant
Le droit commercial, P. Didier
Le droit des cultes, J. Volff
Le droit des étrangers, X. Vandendriessche
Le droit européen des affaires, L. Vogel, J. Vogel
Le droit international public, L.-A. Aledo
Le droit des marchés publics, F. Linditch
Le droit des médias, E. Derieux
Droit des organisations internationales, D. Dormoy
Le droit des outre-mers, J.-P. Thiellay

Le droit pénal, M.-L. Rassat
Le droit des personnes, T. Garé
Le droit russe, B. Dutoit
Le droit du travail, P.-Y. Verkindt
Droit de l'Union européenne, P.-Y. Monjal
Les droits de l'enfant, F. Gisserot
Les droits de l'homme, P. Wachsmann
L'égalité des sexes, F. Dekeuwer-Défossez
L'État, J. Chevallier
Les finances publiques, M. Lascombe, X. Vandendriessche
La fonction publique, J.-F. Lachaume
Histoire du droit, J. Bart
L'indivision, F.-X. Testu
Introduction au droit fiscal, P. Serlooten
Introduction à la gestion, M. de Fabrègues
La justice constitutionnelle dans le monde, M. Fromont
La laïcité, C. Durand-Prinborgne
La loi, B. Mathieu
Philosophie du droit, B. Frydman, G. Haarscher
Le président de la République, M.-A. Cohendet
Les principes de la responsabilité civile, P. Jourdain
La prison, J.-P. Céré
Le procès civil, H. Croze
Propriété littéraire et artistique, A. Lucas
La question prioritaire de constitutionnalité, C. Maugüé, J.-H. Stahl
Les régimes matrimoniaux, D. Martin
La région, M. Verpeaux
La responsabilité du médecin, J. Penneau
La responsabilité politique, C. Bidégaray, C. Emeri
Le service public, P. Esplugas
Les sources du droit, P. Jestaz
Le système politique des relations internationales, M. Gounelle
La victimologie, G. Lopez

711541 - (I) - (2,5) - OSB A 70 g - JOU - HCH
Achevé d'imprimer en janvier 2012 sur les presses de l'Imprimerie CHIRAT
42540 Saint-Just-la-Pendue
Dépôt légal février 2012 - N° 201201.0026

Imprimé en France